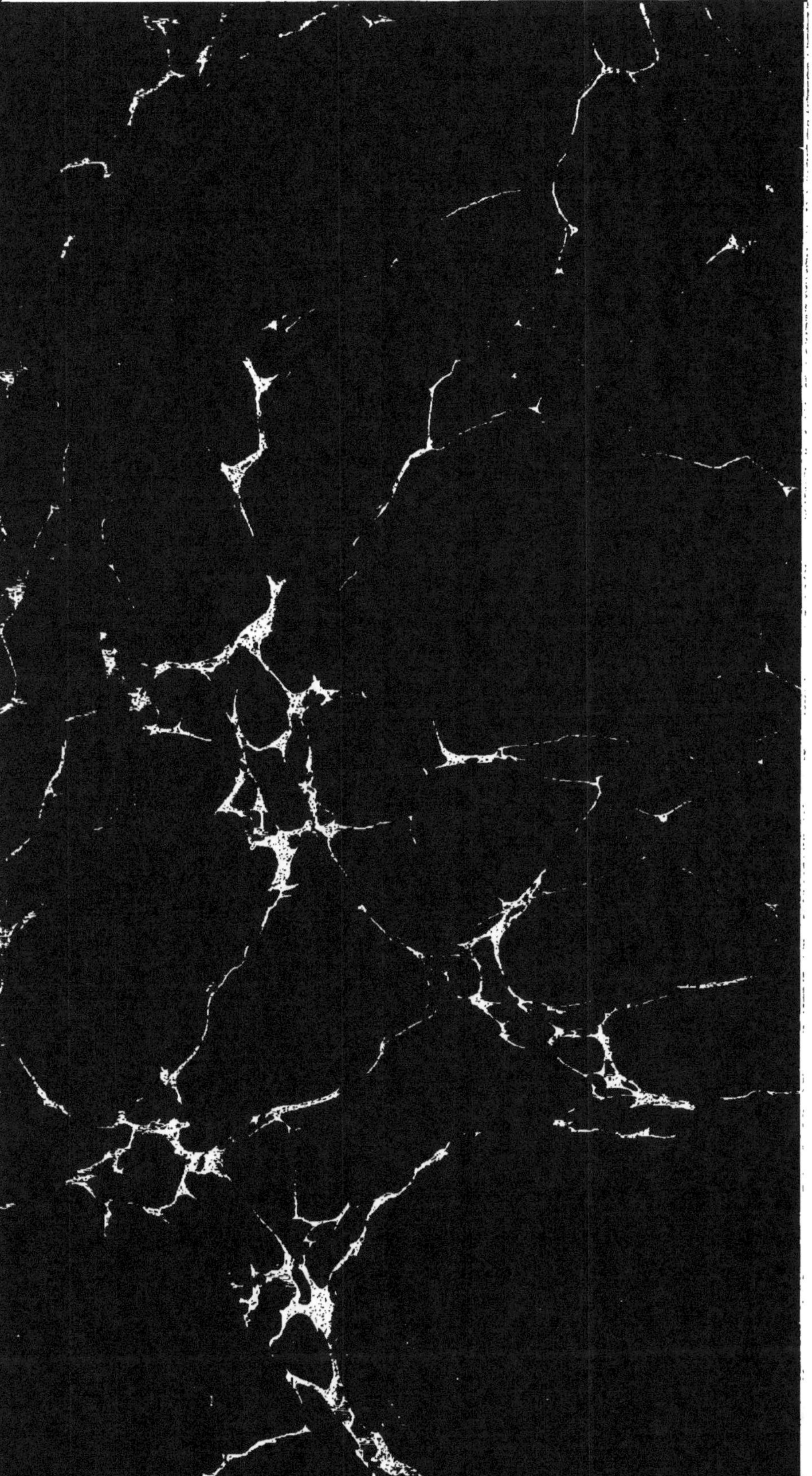

HISTOIRE

DE LA

GUERRE DE LA PÉNINSULE

SOUS NAPOLÉON

PRÉCÉDÉE

D'UN TABLEAU POLITIQUE ET MILITAIRE

DES PUISSANCES BELLIGÉRANTES.

*

TOME III.

J. TASTU, IMPRIMEUR ET ÉDITEUR,
RUE DE VAUGIRARD, N. 36.

HISTOIRE

DE

LA GUERRE

DE LA PÉNINSULE

SOUS NAPOLÉON,

PRÉCÉDÉE D'UN

TABLEAU POLITIQUE ET MILITAIRE

DES PUISSANCES BELLIGÉRANTES

PAR

LE GÉNÉRAL FOY.

PUBLIÉS PAR

Mme LA COMTESSE FOY.

. . . *Quæque ipse miserrima vidi.*

VIRG.

PARIS

BAUDOUIN FRÈRES, ÉDITEURS,

RUE DE VAUGIRARD, N. 17.

*

1827

HISTOIRE

DE LA

GUERRE DE LA PÉNINSULE

SOUS NAPOLEON.

LIVRE DEUXIÈME.

INVASION DU PORTUGAL.

SOMMAIRE.

Cantonnement du 1er corps d'observation de la Gironde. —Entrée en Portugal des troupes espagnoles.—Émeute au sujet de l'inauguration du drapeau tricolore.—Travaux de fortification pour mettre les approches de Lisbonne en état de défense. — Marine portugaise. — Escadre russe dans le Tage. — Réflexions sur les dispositions de la nation portugaise. — Arrangemens intérieurs. — Administration du pays par les Français. — Mécontentement des Portugais. — Réorganisation et envoi en France de l'armée portugaise.—Tentatives de l'amiral anglais. — L'Espagne rappelle ses troupes. — Vues de Napoléon sur le Portugal. — Espérances des Portugais. — Convocation de la Junte des Trois-États. — Adresse de la Junte à l'Empereur. — Protestation du juge du peuple. — Projet de Constitution. — Réflexions.

LIVRE DEUXIÈME.

INVASION DU PORTUGAL.

Le lendemain de l'entrée des Français, on éprouva dans Lisbonne une légère secousse de tremblement de terre, qui fit monter la mer sur les quais. Le général en chef rendait compte en ce moment de son expédition au ministre de la guerre Clarke. « Les Dieux sont » pour nous, écrivit-il, j'en tire l'augure de » ce que le tremblement de terre ne nous a » annoncé que leur puissance, sans nous faire » de mal. »

C'était la joie du succès qui dictait ces paroles, et cette joie était d'autant plus exaltée chez Junot, qu'il avait été plus près de ne pas réussir. L'armée vint après son général, petit à petit et par lambeaux. Les traîneurs s'étaient cantonnés vingt ou trente ensemble, dans les maisons isolées, et dans les hameaux voisins de la route. Un mois se passa avant qu'ils rejoignissent leurs bataillons. Ils arrivaient, les uns embarqués dans les bateaux du Tage, les autres transportés sur des ânes; et tous n'arrivèrent pas. L'armée perdit, de Bayonne à Lisbonne, dix-sept cents hommes, qui succombèrent à la fatigue et à la faim, ou qui se noyèrent en traversant les torrens.

On éloigna les troupes portugaises de Lisbonne. La première division d'infanterie y fut casernée, non dans les chétives baraques où étaient logés les soldats portugais, mais dans les couvens de religieux. Le général de division Delaborde fut nommé gouverneur de cette capitale.

La deuxième division, aux ordres du général Loison, occupa Cintra, Mafra et le littoral jusqu'à l'embouchure du Mondego. La brigade du général Thomières fut établie dans la place et la presqu'île de Peniche, qui ne tient au continent que par une langue de terre, couverte d'eau dans les hautes marées.

La troisième division fut chargée de garder l'entrée du Tage. Le général Travot eut son quartier-général à Oyras : il mit des garnisons dans les forts de Saint-Julien et de Cascaes à la rive droite, et il s'étendit de ce côté jusqu'au cap de Roca, la pointe la plus occidentale de l'Europe. Deux bataillons campèrent à la rive gauche, sur les hauteurs de Morfacem, qui domine le fort de Trafaria et la tour de Bugio. Cette tour est bâtie dans la mer, à l'extrémité d'un banc de sable qui se rattache à la place de Costa. Elle fut l'objet d'une surveillance active, parce que ses feux, croisés avec ceux du fort Saint-Julien, opposent le principal obstacle aux escadres qui entreprendraient de forcer la barre de Lisbonne.

La cavalerie et l'artillerie restèrent à Lisbonne. On occupa Santarem et Abrantès, comme des points propres à assurer les arrivages de l'intérieur par la rivière. Un bataillon suisse alla tenir garnison à Almeida.

Le général en chef cantonna, dans le pays au nord du Tage, la division espagnole du général Caraffa, ayant soin d'en entremêler les régimens parmi les régimens de son armée. Les deux corps de cette nation, qui n'avaient pas été mis sous ses ordres, entrèrent en Portugal dans les premiers jours du mois de décembre [1].

Don Francisco-Maria Solano, marquis del Socorro, se présenta, le 2, devant Elvas. Cette place, le boulevard de l'Alemtejo, était en état de soutenir un long siége. Le lieutenant-général portugais, marquis d'Alorne, s'y était enfermé, après y avoir fait entrer des vivres, et avoir renforcé la garnison par trois mille volontaires tirés de la milice. Il avait appris

[1] Voyez à la fin du volume (A).

l'entrée des Français dans la Beira des premiers, et avant que Solano eût rassemblé ses troupes, il s'était empressé d'adresser au prince régent qui n'avait pas encore quitté Lisbonne, des renseignemens utiles et des conseils honorables. L'aide-de-camp Lecor, chargé de porter ce dernier hommage de la fidélité, revint avec l'ordre d'ouvrir les portes des forteresses aux soldats étrangers. Le général espagnol mit trois bataillons dans Elvas et dans les forts qui en dépendent. Il établit son quartier-général à Sétubal [1], port de mer à cinq lieues au sud de Lisbonne, et de-

[1] Sétubal, quoique située au midi du Tage, fait partie de la province d'Estramadure. Cette ville a huit mille ames de population. Son port, le meilleur du Portugal après celui de Lisbonne, serait plus fréquenté, si la capitale n'avait pas envahi presque tout le commerce du pays. La vieille enceinte de Sétubal a été restaurée sous le règne de Jean IV. On a négligé d'entretenir les fortifications du corps de place, mais les forts détachés sont dans un bon état de conservation, et, par leur emplacement sur les hauteurs, ils maîtrisent l'entrée du port.

là il envoya des détachemens occuper les places et les châteaux de l'Alemtejo et des Algarves.

Les Espagnols procédèrent avec encore plus de lenteur à l'envahissement des provinces du nord. Ils passèrent le Minho pacifiquement dans des bateaux, sous le canon de Valença. Cette forteresse, quoique délabrée et mal pourvue d'artillerie, est importante à cause de sa position, et le corps de Galice aurait été forcé de choisir un autre débouché, pour peu que les dispositions du gouvernement portugais eussent été hostiles. Valença avait pour gouverneur le maréchal-de-camp Miron, vieillard âgé de quatre-vingts ans, réputé jadis un des plus habiles parmi les aventuriers militaires qui vinrent, au temps de Pombal et de Lippe, chercher fortune en Portugal. Afin de rester maître des passages sur le Minho et sur la Lima, le général Taranco mit garnison dans la place de Valença, et dans le château-fort de Sant-Iago qui domine le port de Vianna. Il entra, le 13 décembre, à Oporto, grande ville de commerce, la seconde du Portugal.

Ce jour-là même, il arriva que le général Junot voulut inaugurer avec éclat à Lisbonne le drapeau tricolore français. C'était un dimanche; six mille hommes de toutes armes se rassemblèrent avec appareil dans la grande place du Rocio, pour être passés en revue par le général en chef. Le peuple se pressait sur le passage des soldats, et s'étonnait de les voir animés, après un si court repos, de cette gaieté belliqueuse qui est la conscience du courage. Midi sonne, une salve d'artillerie part du château des Maures; les regards se tournent vers les vieilles murailles qui plongent sur le Rocio et dominent la ville. Tout-à-coup on voit tomber l'étendard aux armes de Portugal qui flottait sur la plus haute des tours, et s'élever à sa place des couleurs étrangères surmontées de l'aigle impériale. Si jamais de vieux guerriers ont traîné le reste d'une vie qu'avaient épargné les batailles assez long-temps pour voir outrager par des mains ennemies le drapeau sous lequel leur sang a coulé, ceux-là diront la douleur qu'éprouvèrent alors les fidèles enfans de la Lusitanie. Un torrent d'amertume inonda leurs ames. L'étendard renversé était consacré par tous les souvenirs de la religion et de la gloire. Jésus-Christ, dans sa prédilection constante pour les Portugais, l'avait donné à Alphonse-Henriquez, leur premier roi, y avait empreint les marques de sa Passion, et avait dit au nouveau Constantin, en lui confiant cet autre labarum : « Voilà le signe avec lequel tu vaincras [1]. »

Après la revue, les troupes rentrèrent dans leurs casernes; le peuple resta sur la place publique. A la douloureuse stupeur que l'apparition du drapeau étranger avait jetée dans les esprits, succédèrent d'abord des murmures confus sur l'injure faite à l'honneur national,

[1] Voir la note de la page 33.

et ensuite des imprécations contre les Français. Le marquis d'Alorne, qui arrivait d'Elvas, et qui seul, peut-être, parmi les gens de cour, était cher à la nation, vint à passer sur le Rocio; on le salue; on répète son nom; on se précipite sur ses pas. Il échappe avec peine aux vives démonstrations d'une popularité qui n'était pas sans danger.

Pendant le reste de la journée, l'affluence de la population, dans cette ville de deux cent mille ames, ressembla aux vagues de la mer quand elle est grosse de la tempête. Des Français isolés furent insultés, d'autres grièvement maltraités. Les gardes coururent aux armes : elles tirèrent quelques coups de fusil. On entendit dans la foule le cri de *Vive le Portugal! meurent les Français!* En ce moment, les membres du gouvernement et les principaux personnages du royaume étaient réunis chez le général en chef. « Malheur à vous, » dit-il, si vous avez osé conspirer contre » l'armée du grand Napoléon ; vos têtes me

» répondent de la tranquillité du peuple. »

L'occasion était favorable pour substituer des sentimens de terreur aux impressions qu'avait données d'abord aux habitans de Lisbonne le pitoyable état de l'armée française. L'infanterie fut formée en masse de bataillons, dans les espaces du Quartier-Neuf. La cavalerie parcourut au trot la suite des quais qui bordent le Tage. Les trains d'artillerie en marche effrayèrent les habitans du retentissement de leurs attirails. On peut dire que le 13 décembre fut le jour de la véritable prise de possession du pays [1]. Ainsi, dans les républiques italiennes du moyen âge, des guerriers aventureux se précipitaient avec leurs hommes d'armes bardés de fer à travers les portes de la cité, et, par le spectacle imposant de la rapidité unie à la force, ils soumettaient au joug des bourgeois timides [2].

[1] Voyez à la fin du volume (B).

[2] *Courir une ville* était l'expression technique pour désigner cette manière de fonder la puissance en frappant les esprits de la multitude.

Les Anglais étaient en vue de Lisbonne. Il ne restait à la station, au départ de Sidney Smith pour le Brésil, que cinq vaisseaux de ligne. Mais peu de jours après, un renfort de trois vaisseaux, trois frégates, et plusieurs bâtimens légers, arriva d'Angleterre, sous la conduite du vice-amiral sir Charles Cotton, qui prit le commandement du blocus du Tage. La présence constante de cette force navale attira l'attention des Français. Ils ne firent des dispositions défensives que du côté de la mer.

Après avoir formé comme un lac de dix à douze lieues de pourtour, où les flottes peuvent mouiller et se mouvoir sans être exposées au canon des côtes, le Tage se resserre tout-à-coup devant la partie occidentale de la ville de Lisbonne, à un tel point qu'il n'a que huit cent six toises de large contre la tour de Belem et la tour vieille (*torre velha*), bâtie à la rive gauche, au pied de la hauteur fortifiée d'Almada. Le fleuve coule jusqu'à son embouchure, dans la pleine mer, entre deux chaînes calcaires de forme semblable, mais dont l'une, celle du nord, se prolonge au-delà et à l'ouest de la chaîne du midi. Le canal est long de trois lieues; sa largeur moyenne est de quatorze cents toises. Les deux rives sont bordées de batteries et de forts. Au débouché du canal est la barre de Lisbonne, coupée par un banc de rochers sous-marins, appelés *os cachopos*. Les vaisseaux de ligne entrent dans le Tage par deux passes, dont la meilleure est la plus rapprochée de la rive droite.

Les moyens matériels ne manquèrent pas aux Français pour défendre les bords du Tage. Ils disposaient de la *Fundicão* de Lisbonne, arsenal immense où se fabrique tout ce qui sert à une armée, depuis les selles des chevaux jusqu'aux canons de 24. Les ingénieurs relevèrent les fortifications délabrées des châteaux. Ils haussèrent et épaissirent les parapets. Ils construisirent des traverses dans les ouvrages et des redoutes fermées sur les points extérieurs dominans. L'armement des forts, fortins et batteries qui ont action sur les passes, fut renouvelé par les soins des officiers d'artillerie. A des attirails vermoulus qui duraient depuis plus d'un siècle, on substitua des plates-formes et des affûts solides On y plaça des mortiers à longue portée, que le général en chef fit couler dans la *Fundicão*. On les pourvut de fourneaux à réverbères, pour servir à rougir les boulets. Avec les boulets rouges, on pouvait embraser les vaisseaux, avec les bombes, inquiéter leur embossage. Ces instrumens de destruction des forces navales étaient inusités chez un peuple accoutumé à vivre sous la protection de l'Angleterre.

La marine fournit aussi son contingent pour la défense. L'ancien gouvernement venait d'épuiser les arsenaux, pour armer la flotte qui portait la cour du Brésil. Dans l'intervalle entre l'embarquement du prince et l'arrivée des Français, les magasins avaient, pour ainsi dire, été au pillage. Le personnel de l'armée navale n'existait plus; car les chefs et la plus grande partie de la troupe étaient partis sur l'escadre. Le capitaine de vaisseau Magendie, venu avec le général Junot, prit le commandement de la marine. Il amenait quelques officiers français. Il employa les Portugais qui voulurent continuer leurs fonctions administratives ou militaires. Vingt bâtimens de guerre de tout rang étaient restés dans le Tage, les uns hors de service, les autres parce qu'on manquait de matelots pour les monter. Magendie eut bientôt mis sous voile le *Vasco de Gama* et la *Marie-Première*, vaisseaux de 74, trois frégates et sept bâtimens légers. En moins d'un mois, les Français présentèrent à leurs ennemis une petite escadre capable, non de courir la mer, mais de contribuer à empêcher les Anglais de forcer la barre de Lisbonne.

A côté du pavillon impérial de France, flottait dans le Tage le pavillon impérial de Russie. Une escadre de cette puissance, composée de neuf vaisseaux et de deux frégates, ayant à bord six mille cinq cents hommes de troupes et d'équipage, avait quitté, pendant les conférences de Tilsit, la station de Ténédos devant le détroit des Dardanelles. Après s'être arrêtée quelque temps à Corfou, elle retournait dans la mer Baltique; mais la nouvelle de la guerre imminente entre la Russie et l'Angleterre la surprit en route. Le vice-amiral Siniavin, qui la commandait, put arriver à l'embouchure du Tage avant que les Anglais y eussent établi leur croisière. Ses vaisseaux entrèrent, le 10 et le 11 novembre, dans le port de Lisbonne; et quand le général Junot arriva peu de jours après, ils étaient formés en ordre de bataille en arrière de la barre.

Il y eut contact entre les Français et les Russes, mais non communauté d'intérêts et de gloire. Siniavin était un Moscovite du vieux temps, qui ne parlait d'autre langue que celle de son pays. Ses officiers blâmaient tout haut ce qu'ils appelaient l'engouement de leur empereur pour Napoléon. La rupture avec l'Angleterre était à leurs yeux un léger nuage, qu'une politique mieux avisée ne tarderait pas à dissiper. Junot aurait pu dès-lors augurer ce que produirait, au jour du danger, le dévouement de semblables alliés. Cependant la coïncidence de l'apparition d'une flotte russe avec l'irruption des Français, fut profitable à ceux-ci sous plus d'un rapport. On a cru longtemps, en Portugal, que l'amiral Siniavin était venu pour servir les projets de Napoléon.

Peu de jours avant l'invasion, les troupes de ligne portugaises, et ce que les généraux avaient levé de milices en différentes parties du royaume, présentaient un effectif de trente-six mille hommes prêts à combattre. En moins d'un mois, ce nombre fut réduit au-dessous de moitié, d'abord par la désertion, ensuite par le licenciement de la milice, et par la profusion avec laquelle on accorda des congés à l'armée de ligne. Il n'y eut de conservé en entier que la garde de police, qui continua à faire, sous les ordres du comte de Novion, émigré français, le service de la ville de Lisbonne. On dispersa dans les provinces ce qui resta des régimens d'infanterie et de cavalerie. Les chevaux portugais furent donnés aux dragons français pour les remonter. L'artillerie réorganisa son train et son matériel. On renouvela l'équipement et l'armement des troupes. La solde fut payée au moyen d'un emprunt de deux millions de cruzades (cinq millions de francs), que contracta le conseil du gouvernement. On acheta dix mille barils de farine à Cadix, pour approvisionner les forts du Tage et les vaisseaux, et fabriquer une réserve de cinq cent mille rations de biscuit. La subsistance journalière fut assurée, sans avoir besoin de recourir à aucune mesure extraordinaire.

A cette époque, les liens qui avaient existé entre la maison de Bragance et le Portugal étaient rompus. Ce n'était pas la fidélité des sujets qui avait manqué au sang de leur prince ; tout au contraire, la famille royale venait de les abandonner sans défense, au plus fort du danger. La cour et les quinze mille émigrés qui l'avaient suivie, emportaient plus de la moitié du numéraire en circulation dans le royaume ; car chacun, en partant pour ne plus revenir, avait réalisé autant de valeurs qu'il avait pu. C'était un bruit populaire que les conseillers du gouvernement, prévoyant la catastrophe, avaient entassé, depuis plusieurs années, la monnaie d'or dans les coffres particuliers du régent. Au jour de son départ, il ne restait pas dix mille cruzades dans le trésor public. Le papier-monnaie perdait trente pour cent ; il y avait trois mois que les officiers de l'armée n'avaient pas reçu de solde ; le paiement de la dette publique était arriéré comme un semestre, et l'on devait le salaire de plus d'une année aux administrateurs, aux employés et aux juges.

Le mécontentement contre le gouvernement fugitif pouvait tourner au profit du pouvoir nouveau. Le cardinal de Mendoça, patriarche de Lisbonne [1], célébra le premier *l'homme que les siècles passés n'avaient pu deviner, l'homme des prodiges, le grand Empereur que Dieu appelait à fonder la félicité des nations*. A la voix révérée de ce prince de l'Église, les évêques, dans leurs mandemens et les magistrats dans leurs édits, recommandèrent à l'envi, comme une obligation civile et religieuse, de bien accueillir les Français et d'obéir à leur général [2].

[1] Voyez à la fin du volume (C).

[2] Don Jose Maria de Mello, ancien évêque des Algarves et inquisiteur-général du royaume, fit en cette dernière qualité un mandement rédigé dans le même esprit que celui du patriarche. Ce langage était d'autant plus remarquable dans sa bouche, qu'on l'avait toujours

Ce ne fut pas dans les premiers temps un devoir difficile à remplir; la concentration des troupes dans un rayon de quelques lieues autour de Lisbonne, en rendant la surveillance des chefs plus facile, contribua à atténuer ce que pouvaient avoir d'exigeant les habitudes contractées par des soldats toujours victorieux. Débordée et vagabonde dans les montagnes de la Beira, l'armée retrouva, sous un beau ciel au sein du repos, la douce sociabilité qui distingue les Français entre les autres peuples. Les officiers étaient logés chez les riches, et les soldats partageaient, dans les villages, le réduit du paysan aisé. Les Français

entendu professer des principes diamétralement opposés. Le public accusait cet évêque d'avoir contribué à troubler la raison de la Reine, dont il était le confesseur, en lui remplissant la tête de terreurs et de superstitions. Il n'avait pas tenu à lui qu'on renouvelât, sous le règne de son auguste pénitente, le régime des autos-da-fé. Au commencement de la révolution, il proposa sérieusement de faire excommunier la nation française en masse par le haut clergé de Portugal.

sont, de tous les étrangers, ceux avec lesquels les Portugais ont le plus de sympathie. Après les légendes des saints, leurs livres les plus populaires sont ceux qui retracent les prouesses de Charlemagne et de ses paladins. D'ailleurs, les changemens survenus étaient conformes à la volonté de Dieu. Bandarra, le Nostradamus des Portugais, les avait prédits. Ne lisait-on pas, dans ses quatrains prophétiques, le triomphe de l'aigle impériale et l'exaltation de Napoléon [1].

[1] Gonçalo-Annes Bandarra était un pauvre savetier de la petite ville de Trancozo, dans l'évêché de Guarda, en Portugal. Il composa, vers l'année 1540, des prophéties qui ont eu et qui conservent encore aujourd'hui une grande vogue dans le pays, aussi bien parmi les lettrés que parmi ceux qui ne le sont pas. Les quatrains rimés (*trovas*) de Bandarra ont été imprimés plusieurs fois, et en dernier lieu à Barcelone, en 1809. On y trouve à peu près tout ce qu'on veut, comme dans les autres écrits de cette espèce. Quand les Français furent entrés dans Lisbonne, en 1807, des hommes crédules dirent que cet événement avait été prédit; même ils trouvèrent l'indication précise de la puissance impériale et de la première

Les commandans en chef français et espagnols avaient l'ordre de leur gouvernement de ne pas divulguer le traité de Fontainebleau. Cependant don Francisco Taranco insinua aux magistrats d'Oporto que leur province devait se regarder, dès à présent, comme

lettre N, du nom de Napoléon, dans les deux quatrains suivans, qui sont le dix-septième et le dix-huitième du troisième songe prophétique.

Ergue se a Aguia imperial
Com os sens filhos ao rabo,
E com as unhas no cabo
Faz o ninho em Portugal.

Poe um A pernas acima,
Tira lhe a risca do meio,
E por detraz lha arrima,
Saberas quem te nomeio.

« L'aigle impériale s'élève, suivie de ses enfans, et elle vient à bout, avec ses ongles, de faire son nid en Portugal.

» Mets un A les jambes en l'air; tire-lui la barre du milieu; applique-lui cette barre par derrière; tu sauras qui je veux te nommer. »

faisant partie de la monarchie espagnole. A Sétubal, Solano alla plus avant; il substitua, dans les actes publics, le nom du roi d'Espagne à celui du prince régent : il créa un grand-juge et un surintendant des finances, et les deux emplois furent conférés à des sujets castillans. Solano était dans la confiance intime du prince de la Paix; on a pensé qu'il n'avait pas essayé sans ordre supérieur, ces hâtives innovations. Le souverain désigné des Algarves était si impatient de régner pour son compte, que, si l'on en croit les bruits du temps, des piastres fortes (*pesos duros*) furent frappées à l'hôtel des Monnaies de Madrid, qui portaient d'un côté l'effigie de Godoy avec la légende : *Emmanuel primus Algarviorum dux*, et de l'autre les armes du royaume des Algarves.

A Lisbonne, au contraire, le général Junot laissait subsister le conseil des gouverneurs du royaume tel que le prince l'avait institué;

mais il adjoignit à ses délibérations, avec le titre de commissaire impérial et administrateur-général des finances, l'ancien consul Herman, dont les Portugais estimaient l'esprit d'ordre et de probité. Les caisses publiques ne furent pas saisies; on paya les intérêts de la dette et les salaires courans; cela fut cause que la valeur du papier-monnaie remonta de douze pour cent. Il n'y eut pas d'abord de variation remarquable dans les prix des denrées; les actes relatifs à la haute police du pays, à la confiscation des propriétés anglaises et à l'administration financière de l'armée, étaient les seuls qui émanassent directement de l'autorité militaire, tout le reste se faisait par les magistrats civils. Le tumulte du 13 décembre n'avait été qu'un nuage passager, et l'on ne regardait le drapeau français arboré dans les forteresses, que comme un signe de convention destiné à constater l'occupation militaire. Le régime intérieur du pays n'avait éprouvé aucun changement; et parce que les gouverneurs du royaume exerçaient une autorité déléguée par le prince naturel, il semblait que l'édifice de la monarchie portugaise était encore debout.

Cet état des choses ne devait pas durer longtemps. Napoléon avait reçu, au fond de l'Italie, la nouvelle de l'entrée de son armée à Lisbonne. Un décret impérial, rendu à Milan, le 23 décembre 1807 [1], condamna les Portugais à payer à la France une contribution de cent millions de francs, pour le rachat des propriétés des particuliers. Le général en chef eut l'ordre de gouverner le royaume seul et au nom de l'Empereur. Il lui fut commandé d'envoyer le plus vite possible, en France, les troupes portugaises ; en même temps le corps d'observation de la Gironde prit le nom d'armée de Portugal.

[1] Voyez à la fin du volume (D).

Le 1er février 1808, Junot se rendit au bruit des salves d'artillerie de terre et de mer, et avec une pompe presque royale, au palais de l'Inquisition, où siégeait le conseil des gouverneurs du royaume. La portion de l'armée réunie à Lisbonne prit les armes, autant pour maintenir la sûreté publique, que pour augmenter l'éclat de la solennité. Le général français dit aux membres du conseil, dans une harangue étudiée, que leurs fonctions avaient cessé, et qu'à lui désormais appartenait le soin de rendre les Portugais heureux. Quelques-uns des gouverneurs supprimés furent désignés pour servir comme seconds dans les ministères : un ancien commissaire ordonnateur des armées françaises, Luuyt, fut nommé secrétaire d'État de la guerre et de la marine; le commissaire impérial Herman eut l'intérieur et les finances; l'intendance générale de police, dont la législation de Pombal avait fait un ministère plus important que tous les autres, fut réservée à un Français,

Lagarde, que l'Empereur envoyait d'Italie [1];

[1] Dès son entrée en fonctions, l'intendant-général de police Lagarde donna des soins à la salubrité de la ville de Lisbonne. On parvint, sous son administration, à faire disparaître les montagnes d'immondices et de boue dont les rues étaient obstruées depuis le tremblement de terre. Il eut moins de succès, quand il entreprit d'exterminer les bandes de chiens affamés et vagabonds qui donnent à la capitale du Portugal la physionomie d'une ville de l'Orient. La guerre aux chiens était impopulaire au suprême degré, et la police française fut odieuse aux Portugais, presque autant pour les améliorations qu'elle voulait introduire parmi eux, que pour les persécutions dont elle les menaçait. Le nouvel intendant imprima au gouvernement de Junot un caractère de rapidité et de vigueur qui avait manqué jusqu'alors aux actes du pouvoir civil. Les habitans de Lisbonne avaient moins de peur des arrêtés du général en chef que des ordonnances de police qui les commentaient et en réglaient l'exécution. Ils regardaient le palais de l'Inquisition, où siégeait l'intendance générale, avec plus d'effroi qu'au temps où le fanatisme religieux y entassait ses victimes. Si le plus sublime effort du génie de la police est d'effrayer toujours et de ne frapper jamais, Lagarde peut se glorifier d'avoir atteint les hauteurs de la science; car, dans les circonstances les plus difficiles, il ne cessa pas d'être indulgent et humain; son terrible ministère se réduisit à arrêter et détenir quelques perturbateurs d'une

l'inspecteur aux revues, Viennot-Vaublanc, fut secrétaire du gouvernement. On institua pour les provinces, des magistrats nouveaux sous le titre de *corregidors mors ;* trois auditeurs au conseil d'État, Pépin de Belle-Isle, Taboureau et Lafont, furent envoyés en cette qualité à Abrantès, à Oporto, à Sétubal; un autre Français, Goguet, alla dans les Algarves; un Portugais, Jose-Pedro Quintella, fut nommé à Coïmbre. Les corrégidors mors, sans avoir de fonctions particulières nettement déterminées, devaient centraliser et coordonner l'administration.

Le peuple fut prévenu du régime nouveau par une proclamation verbeuse[1]; le général en chef promettait des grandes routes, des canaux, une administration meilleure, le bien-

espèce méprisable qui auraient été traités avec plus de rigueur, s'ils avaient été abandonnés à l'action de l'autorité militaire.

[1] Voyez à la fin du volume (E).

fait de l'instruction publique plus généralement répandu. « L'Algarve et la Beira-Alta, » disait-il, auront aussi un jour leur Ca» moëns ; la religion de vos pères, la même » que nous professons, sera protégée et épu» rée ; la justice sera distribuée dans l'intérêt » de la société ; une police active délivrera les » citoyens des malveillans et des vagabonds. » Les guerriers portugais ne feront bientôt » plus qu'une famille avec les héros de Ma» rengo, d'Austerlitz et d'Iéna. »

Alors disparurent entièrement les trophées du royaume envahi ; les aigles de Napoléon prirent, sur les monumens publics, la place des quinas portugaises [1] ; les tribunaux rendirent

[1] On appelle *quinas* les armoiries de Portugal. Leur origine remonte à l'établissement de la monarchie, c'est-à-dire à l'époque de la bataille de Campo de Ourique.

Voici comment l'historien Laclède raconte les circonstances merveilleuses de cet événement, qu'il avait puisées dans les anciennes chroniques :

« La veille de la bataille d'Ourique, en 1139, don Alphonse-Henriquez, alors prince de Portugal, qui

la justice au nom de l'Empereur. On enleva aux nationaux les emplois élevés de la finance.

avait à combattre cinq rois maures, était dans sa tente, occupé à lire la Bible, et il en était au passage de Gédéon, du livre des Juges, lorsqu'il s'endormit. A peine eut-il fermé les yeux, qu'il crut voir un vieillard vénérable qui lui promit la victoire. Dans cet instant, don Ferdinand de Souza, son grand-camérier, entra dans sa tente, pour lui dire qu'un homme extrêmement vieux demandait à lui parler. Alphonse dit qu'on le fît entrer, et, à sa vue, il parut saisi d'étonnement. Cet homme ressemblait au vieillard qui lui était apparu dans son sommeil. « Je suis un pêcheur, lui dit-il en l'abordant, qui, » depuis soixante ans, fait pénitence sur la montagne » voisine. Dieu m'a chargé de vous annoncer la victoire » qui vous attend demain. Mettez toute votre confiance » en lui. Lorsque vous entendrez une cloche, sortez de » votre tente; vous verrez tout ce que le ciel fait pour » vous. » Il parla ainsi et s'en alla, et laissa Alphonse dans le trouble et l'étonnement.

» A minuit, l'airain sonne; Alphonse sort de sa tente, se met à genoux du côté de l'Orient, aperçoit, au milieu d'une clarté rayonnante, une grande croix avec ces mots : *In hoc signo vinces*, et entend une voix prophétique qui lui promet la durée de son empire jusqu'à la seizième génération, à la fin de laquelle sa race serait presque anéantie.

» Le lendemain, les troupes d'Alphonse, encouragées

Pour asseoir une contribution de cent millions de francs sur une population de deux millions d'ames, dépouillée des colonies et du commerce extérieur, qui faisaient toute sa richesse, il fallut atteindre jusqu'au laboureur et à l'artisan; on fut même obligé d'attenter aux objets les plus sacrés de la vénération publique, en s'emparant de l'argenterie des églises.

par ce signe miraculeux, combattirent avec tant de courage dans les plaines d'Ourique, qu'elles défirent les cinq rois maures. Le prince, en reconnaissance de ce succès, prit pour armes les cinq boucliers de ces princes, dont il composa son écusson, en les mettant en croix, et au centre de chaque écu il plaça cinq bezans d'argent. »

Le peuple aperçoit d'autres rapports mystérieux dans ces armoiries. Les cinq écussons sont encore un emblème des cinq plaies de Jésus-Christ, et les vingt-cinq bezans, ajoutés aux cinq écus, font allusion aux trente deniers, au prix desquels le traître Judas vendit le Christ à ses ennemis.

Les sept tours figurées autour de l'écusson représentent les sept forteresses du royaume des Algarves, quand cet État fut réuni à la couronne de Portugal par le mariage de Béatrix, fille du roi d'Espagne, avec don Alphonse III, en 1253.

Les Portugais éprouvèrent une douleur profonde : ce n'était pas seulement à cause de l'énormité de la charge qui leur était imposée ; ils s'indignaient surtout qu'on les obligeât à racheter leurs propriétés, eux qui avaient reçu les Français comme des amis. Quelques-uns commencèrent à regretter la race de leurs rois, qu'ils jugeaient perdue pour jamais. Tous pleurèrent le nom portugais qui paraissait anéanti. L'autorité française ne put obtenir que des félicitations officielles; elle mendia inutilement les signes extérieurs d'allégresse, toujours faciles à obtenir des portions corrompues de la population d'une grande ville. Il ne se trouva dans Lisbonne que trois habitans qui voulussent illuminer la façade de leurs maisons, pour célébrer les changemens opérés dans la journée du 1er février.

Hors de la capitale, le nouveau gouvernement fut inauguré sous de funestes auspices.

Un bourgeois de Mafra fut condamné à mort par une commission militaire, et exécuté, pour s'être répandu en invectives contre l'armée française. Peu de jours après, une rixe survenue dans la petite ville de Caldas da Rainha, entre un détachement du 58e régiment et des militaires du 2e régiment d'Oporto, fut présentée au général en chef par des rapports infidèles, comme une révolte préméditée, à laquelle les gens du pays auraient pris part. On cassa et licencia d'une manière ignominieuse le régiment d'Oporto. Six habitans de Caldas furent fusillés avec un appareil calculé, qui pesa plus douloureusement sur les imaginations portugaises, que ne l'eût fait l'égorgement tumultueux de la population de tout un canton.

Ce fut un avertissement pour se hâter de mettre à exécution l'ordre de l'Empereur relatif aux débris de l'armée portugaise, et pour éloigner en même temps des hommes qui, en raison de leur position sociale, pouvaient exercer le plus d'influence sur la nation. Ces derniers furent chargés d'aller en députation jusqu'en France au-devant de l'Empereur, qui devait bientôt, disait-on, visiter l'Espagne et le Portugal.

Les trente-sept régimens de troupes à pied et à cheval furent réduits à six régimens d'infanterie, trois de cavalerie, un bataillon et un escadron léger. On trouva à peine dans les corps assez de soldats pour remplir les cadres nouveaux. Ce fut le marquis d'Alorne qui fit l'organisation ; ce fut lui aussi qui commanda cette petite armée de neuf à dix mille hommes. On n'attendit pas que le travail fût achevé pour mettre les colonnes en route. Les premières partirent au commencement du mois de mars pour Valladolid, d'où on les dirigea sur Bayonne. Plus de la moitié des officiers de l'ancienne armée, et surtout ceux qui appartenaient aux provinces du nord, retournèrent dans leurs foyers, les uns parce qu'ils n'obtinrent pas d'être employés, les autres parce qu'ils le refusèrent.

Au nombre des partans figuraient les militaires les plus en réputation, tels que le lieutenant-général Gomez Freyre, les brigadiers Pamplona et Manuel de Souza, et le chef de bataillon Candido Jose Xavier. Les marquis de Ponté de Lima, de Valença, de Loulé; les comtes de Sabugal et de Saint-Michel, et plusieurs autres fidalgues du premier rang, occupaient les emplois d'officiers supérieurs dans les régimens. Ils avaient, à l'exemple de la haute noblesse des autres États du continent, ambitionné l'honneur de servir sous les drapeaux de l'empereur Napoléon. Les soldats étaient loin de montrer autant de zèle, et il ne fallait rien moins que le nom et l'autorité du marquis d'Alorne pour les faire partir. Plus de deux mille d'entre eux, et même quelques officiers inférieurs, désertèrent en traversant l'Espagne[1].

[1] Les troupes portugaises partirent au nombre de huit

Les Anglais faisaient la guerre à l'armée française de Portugal, beaucoup plus en ac-

à neuf mille hommes. Plus de quatre mille, et parmi eux des officiers, s'échappèrent en traversant l'Espagne, et retournèrent dans leur pays. Cinq ou six cents restèrent dans les hôpitaux. Quelques-uns furent tués au premier siége de Sarragoce. Il n'arriva à Bayonne que trois mille deux cent quarante soldats. Napoléon les passa en revue, et dit au prince Wolkonski, aide-de-camp de l'empereur de Russie, qui se trouvait alors en mission près de lui: « Ce sont des hommes du Midi; ils ont de la passion; j'en ferai de l'excellente infanterie. » On forma avec les troupes portugaises une légion. Le général Junot reçut l'ordre de ramasser les déserteurs et d'envoyer des soldats du pays pour la compléter. Cet ordre ne put pas être mis à exécution. A défaut de nationaux, la légion se compléta dans les dépôts de prisonniers espagnols. Elle subit différentes organisations, jusqu'au mois de novembre 1813, qu'un décret impérial ordonna le désarmement de toutes les troupes étrangères qui se trouvaient à la grande-armée, à l'exception des Polonais.

La légion portugaise n'a jamais été employée en totalité à la fois, mais elle a servi par détachemens. Deux bataillons se couvrirent de gloire la veille et le jour de la bataille de Wagram, dans le corps d'armée commandé par le général Oudinot. Un régiment se distingua à la bataille de Smolensko. Les habitans des collines brûlantes de l'Alemtejo et de l'Estramadure étaient en bon

cueillant sur leurs vaisseaux, et en encourageant par leurs émissaires les mécontens du pays, qu'en combattant à force ouverte. Cependant, au commencement du mois de janvier 1808, l'amiral Cotton enleva un détachement d'invalides portugais qui tenaient garnison dans les Berlingues, îlots fortifiés, situés en face et à quatre lieues de Peniche, et il établit en leur place un poste fixe de soldats de marine. Peu de temps après, un cutter, sur

nombre parmi les malheureux qui périrent gelés dans les glaces de Moscou. Ces étrangers, conduits par le hasard sous les drapeaux de Napoléon, avaient pris pour devise :

Vadimus immixti Danais, haud numine nostro.

Cependant ils méritèrent en tous lieux l'estime de leurs compagnons d'armes. L'Empereur se garda bien de les envoyer dans la Péninsule. Quelques officiers seulement reçurent cette destination sans l'avoir demandée, et ceux-là travaillèrent de tout leur pouvoir à diminuer les maux que la guerre avait attirés sur le pays. Les chefs de l'armée française eurent la délicatesse de leur épargner les missions où ils eussent pu se trouver engagés, les armes à la main, contre leurs compatriotes.

l'avis que la flotte russe devait mettre à la voile, explorait l'entrée du Tage. Il surprit à la faveur de la nuit une chaloupe canonnière, que les Français avaient armée pour la surveillance de la pêche. Le 3 mars, deux bricks, avec des chaloupes remplies de soldats, vinrent, à neuf heures du soir, pour emporter par escalade le fort de Bugio ; ils furent aperçus à temps, et on les repoussa à coups de canon. Les Anglais ne réussirent pas mieux dans l'attaque qu'ils firent, pendant la nuit du 22 au 23 avril, contre la corvette *la Gavotte*, commandée par le lieutenant de vaisseau Leblond-Plassan. Cinq chaloupes voulaient enlever *la Gavotte* à l'abordage ; elles furent repoussées avec perte du commandant de l'expédition et de plusieurs soldats et matelots, qui furent tués dans les cordages et sur le pont de la corvette [1]. A dater de ce jour, les bâtimens français employés à la garde des passes, furent entourés

[1] Voyez à la fin du volume (F).

pendant la nuit de filets qui formaient bastingage à huit pieds au-dessus du pont. Le général Junot eût voulu répondre d'une autre manière aux tentatives des Anglais. Plus d'une fois il pressa l'amiral Siniavin, dont la flotte était plus nombreuse que celle de l'amiral Cotton, de sortir du Tage avec quelques vaisseaux : ce fut en vain. Les Français ne devaient compter, pour attaquer et pour se défendre, que sur leurs propres forces.

En effet, les Espagnols aussi n'étaient déjà plus des alliés que de nom. Nous dirons plus tard quels événemens survenus en Espagne, depuis trois mois, réagissaient sur le Portugal. Il suffit, quant à présent, de savoir que, dans les premiers jours du mois de mars, la cour de Madrid rappela les corps de son armée, qui étaient stationnés dans ce pays. Cela donna lieu à quelques mouvemens de troupes françaises. Le général de division Quesnel fut envoyé du quartier-général de Lisbonne à

Oporto, pour commander dans les provinces du nord, sans qu'il emmenât des troupes avec lui. Le bataillon du 26e régiment d'infanterie, la légion piémontaise du Midi, une compagnie d'artillerie, et un escadron de dragons, allèrent, sous les ordres du général de brigade Maurin, garder les côtes du royaume des Algarves. On envoya un bataillon suisse tenir garnison à Elvas, et le colonel Miquel fut nommé commandant de cette forteresse. D'autres troupes françaises se répandirent dans l'Alemtejo et dans la partie de l'Estramadure portugaise, qui est à la rive gauche du Tage. Le général de division Kellermann en prit le commandement, et s'établit à Sétubal.

Cependant, avant la fin du mois, les troupes espagnoles reçurent contre-ordre. Celles qui s'étaient dirigées du nord du Portugal sur la Galice, avaient déjà commencé à passer le Minho; elles revinrent à Oporto; et comme leur général, don Francisco de Taranco, était mort le 18 janvier, Junot ne craignit pas de faire commander ce corps d'armée de dix mille étrangers par le général Quesnel. Il lui donna pour instruction de contenir avec les soldats espagnols la population portugaise, et de s'aider au besoin de cette population contre les soldats espagnols.

La division de don Juan Caraffa n'avait pas encore bougé de ses cantonnemens autour de Lisbonne, tandis qu'au contraire le corps de Solano était déjà rendu dans l'Estramadure espagnole. Ce général écrivit de Badajoz qu'il était prêt à revenir; Junot l'en dispensa, et lui demanda seulement quatre bataillons qui furent placés à Sétubal, sous le commandement du général de brigade français Graindorge. Kellermann reçut l'ordre de porter son quartier-général à Elvas, pour exercer de-là une surveillance inaperçue sur les démarches de Solano et les mouvemens de son corps d'armée. Cette défiance des Français envers les chefs et les soldats espagnols, ne fit que s'accroître pendant les mois d'avril et de mai.

Auparavant, et tant que la bonne intelligence avait paru régner entre les cabinets de Paris et de Madrid, le traité de Fontainebleau était supposé rester en vigueur; et bien que les chefs militaires eussent dû le tenir secret jusqu'à son entier accomplissement, il en avait transpiré assez dans le public, pour qu'on ne pût se méprendre sur le sort réservé au Portugal par la France et l'Espagne réunies; mais le décret impérial du 27 décembre 1807, tout oppressif qu'il était, portait au moins en lui un germe réparateur. De ce que le gouvernement du royaume se trouvait concentré dans la main du général français, on s'était pressé de conclure que le Portugal ne serait ni mis en lambeaux, ni réduit à l'humiliation de redevenir une province espagnole.

Bientot le bruit se répandit parmi les Portugais que leur monarchie allait revivre sous un roi du choix de Napoléon. Les uns dirent que ce roi serait Lucien Bonaparte, qui était venu de Rome à Mantoue pour y avoir une conférence avec l'Empereur son frère, la veille même du jour où fut rendu le décret de Milan. Les autres désignèrent le prince Eugène, vice-roi d'Italie, dont plusieurs aides-de-camp avaient paru successivement à l'armée de Portugal, et avaient recueilli des notes sur la statistique du pays et les dispositions des habitans. Il en fut qui pensèrent au maréchal Lannes, à cause de l'éclat qu'avaient jeté son ambassade et sa longue familiarité avec le prince régent. Enfin quelques-uns prononcèrent le nom de Junot, parce qu'il était déjà gouverneur-général, que les sentimens que lui portait le peuple de Lisbonne ressemblaient plus à la bienveillance qu'à la haine, et surtout parce que dans la distribution récente des titres impériaux, Napoléon l'avait nommé duc d'Abrantès. Le nom était portugais, et les esprits étaient loin d'être fixés sur le développement que prendrait l'institution des nouveaux duchés. On répandait aussi que le corps d'armée du marquis d'Alorne rentrerait dans le pays aussitôt que le roi serait proclamé.

Ces dires vagues et incertains reçurent une espèce de confirmation officielle. La députation envoyée de Lisbonne pour complimenter l'Empereur, fut présentée à ce prince à Bayonne. « Voulez-vous être Espagnols? » leur avait-il dit, et soudain la rougeur de l'indignation avait enflammé leurs visages. A cette interpellation inattendue avaient succédé d'autres questions abruptes, qui se pressaient les unes les autres, sans donner aux réponses le temps de s'y intercaler[1]. Le bouleversement de

[1] M. de Pradt, qui était, en 1808, évêque de Poitiers, aumonier de l'empereur Napoléon, assista à l'audience donnée par ce prince à la députation portugaise. Il en a fait connaître, dans ses *Mémoires historiques sur la Révolution d'Espagne*, quelques particularités qui doivent trouver ici leur place.

« La députation portugaise attendait l'Empereur à Bayonne, et lui fut présentée quelques heures après son

l'Espagne n'était encore qu'indiqué. Napoléon n'avait pas de combinaison arrêtée relative-

arrivée. A la tête se trouvait le comte de Lima, que l'on avait vu ambassadeur de Portugal à Paris, et qui était fort répandu dans la société. Napoléon n'attendit point que ce président prononçât son discours, comme c'était l'usage en pareille circonstance; mais soit retard du comte de Lima à dire ce qu'il avait préparé, soit impatience naturelle de la part de Napoléon, il ouvrit la conférence d'une manière fort singulière. Après quelques formules de politesse, il dit, en s'adressant aux députés : « Je ne sais pas ce que je ferai de vous; cela dépendra de ce qui va se passer dans le Midi. Êtes-vous d'ailleurs dans le cas de faire un peuple? Avez-vous le volume nécessaire pour cela? Vous êtes abandonnés par votre prince; il s'est fait conduire par les Anglais au Brésil. Il a fait là une grande sottise, et il s'en repentira. » Puis en se tournant vers moi, il ajouta d'un air très-gai : « Il en est des princes comme des évêques, il faut qu'ils résident. » S'adressant ensuite au comte de Lima, il lui demanda de combien d'hommes le Portugal était peuplé; et joignant aussitôt la réponse à la demande, comme il lui arrivait souvent de faire, et comme il arrive aux personnes qui répondent à leurs idées propres : « Deux millions? — Plus de trois, répondit le comte. — Ah! je ne le savais pas, répliqua Napoléon. Et Lisbonne, cent cinquante mille ames? — Plus du double, répondit le comte de Lima. — Ah! je ne le savais pas, répondit de

ment aux peuples de la Péninsule; il ne lui convenait pas de prendre des engagemens.

De malheureux naufragés saisissent avec avidité la planche la plus fragile sur laquelle ils espèrent échapper à leur ruine. L'Empereur avait été affable; on prit son affabilité pour de la bienveillance. Il avait laissé espérer que la contribution de guerre serait diminuée. Ses phrases saccadées fournirent la matière d'une adresse de la députation à ses concitoyens [1].

nouveau Napoléon. » D'autres demandes et réponses furent échangées avec cette même différence d'opinions et d'évaluations; et de je ne savais pas en je ne savais pas, il arriva à demander au comte de Lima : « Que voulez-vous, vous autres Portugais? Voulez-vous être Espagnols? » A ces mots, je vis le comte de Lima, grandissant de dix pieds, s'affermissant dans sa position, portant la main sur la garde de son épée, et, d'une voix qui ébranla les voûtes de l'appartement, répondant : « Non. » Les anciens héros portugais n'auraient pas mieux dit. »

[1] Voyez à la fin du volume (G).

Ceux qui écrivirent cette lettre n'étaient pas des hommes obscurs ou équivoques. Elle fut signée par le grand-inquisiteur du royaume, par l'évêque de Coïmbre, par le marquis d'Abrantès, président du gouvernement institué par le prince régent, par don Nunho Alvarès Pereyra de Mello, allié par le sang à la maison de Bragance, et les personnages les plus considérables de l'État. Eux et les autres se regardaient comme déliés de leurs sermens envers l'ancien souverain. Ils se résignaient à la toute-puissance de Napoléon. Les rois et les empereurs s'étaient résignés comme eux.

L'adresse de la députation causa un vif contentement qui se fit sentir plus encore dans les provinces qu'à Lisbonne. On se hâta de regarder comme assurée et prochaine la résurrection du Portugal. Des villes, même de simples bourgades, la célébrèrent par des illuminations et des feux de joie. C'était le moment d'aller au cœur des Portugais, et de les affectionner à la cause de la France. Il fallait éteindre jusqu'au souvenir de cette contribution de guerre, avec laquelle il y avait plus de haine que de profit à recueillir. Il fallait relever les insignes et les trophées de la monarchie, que l'empereur Napoléon n'avait pas ordonné d'abattre. Les Portugais sont fiers de leur ancienne gloire, honteux d'être si profondément déchus, et persuadés que leur pays possède encore tous les élémens de la prospérité et de la grandeur. Il fallait leur dire, et c'était la pure vérité, qu'ils n'avaient pas été vaincus; qu'ils n'avaient cessé d'être une nation indépendante, que parce qu'une série de rois sans valeur avait laissé tomber en désuétude les anciennes lois, et avait méconnu et violé les droits du peuple. Il fallait montrer franchement l'intention de substituer dans toutes les carrières à l'oligarchie des fidalgues et des moines, l'influence des hommes recommandables par leur capacité et par la noblesse de leurs sentimens. Il fallait en un mot faire un appel à la raison éclairée et aux passions généreuses.

L'APPEL aurait été entendu. Si à Lisbonne et à Oporto les intérêts matériels étaient froissés momentanément par le système continental, la population agricole du royaume n'y perdait rien. On ne voulait pas devenir une colonie du Brésil. La noblesse de province, attachée au sol, avait l'émigration en mépris, et se proclamait la principale colonne de l'État, bien plutôt que la noblesse d'antichambre et de cour. Les idées philosophiques mal comprimées par la police, et propagées dans des sociétés secrètes, fermentaient au sein de la jeunesse et parmi les habitans des villes. Il n'existe pas dans la Péninsule de plus vaste établissement d'instruction publique que l'université de Coïmbre. Ce sont ses chaires qui forment pour le Portugal entier, des juges, des administrateurs, des avocats, des médecins, des savans. L'université de Coïmbre était ardente, à l'égal des universités d'Allemagne, contre la superstition qui flétrit les ames, et contre le despotisme qui brise les courages. Partout les esprits étaient mûrs pour des changemens politiques. Des germes d'amélioration répandus partout n'attendaient que le souffle qui devait les vivifier.

Le nouveau duc d'Abrantès avait le sentiment intime de cette disposition des esprits; mais il n'eût pas osé l'encourager sans l'ordre exprès de l'Empereur. C'était d'ailleurs une haute entreprise que de refaire les destinées d'un peuple. Junot était né avec le talent de l'observation. Son coup-d'œil perçant allait, dans chaque question, droit au nœud de la difficulté. Tout le bien que pouvait produire une inspiration soudaine, on pouvait l'attendre de lui, mais rien de ce qui exigeait une marche méthodique et continue. Ses qualités heureuses étaient étouffées par un caractère fougueux, par des habitudes de dissipation, et par une aversion si obstinée pour le travail, que les efforts de ceux à qui il déléguait quelques portions du pouvoir, en étaient paralysés.

Cependant l'Empereur, en faisant écrire la lettre de la députation portugaise, n'avait rien dit qui pût faire deviner le personnage sur la tête duquel tomberait la couronne de Portugal, et le champ restait ouvert à tous les prétendans. Junot prenait quelquefois, pour la direction des affaires politiques, les conseils du vieux Jose de Scabra, qui avait été ministre sous trois règnes, et qui, sorti de l'école de Pombal, était resté l'énergique ennemi, non pas du despotisme, mais des despotes ignobles et maladroits. Scabra chercha, dans les institutions surannées de la monarchie, des formes dont on pût tirer parti dans la circonstance présente. Par son instigation, la noblesse, le clergé, le *desembargo do paço,* première cour de justice du royaume, et le *senado da camera,* conseil municipal de Lisbonne, demandèrent au duc d'Abrantès qu'il fût pris des moyens légaux pour faire connaître le vœu de la nation portugaise. La convocation des cortès du royaume aurait eu un éclat que le général français voulait éviter. On appela en leur place la junte des trois États. C'est une commission administrative que les anciens cortès choisissaient dans leur sein pour surveiller, pendant l'intervalle des sessions, l'emploi des fonds qu'ils avaient octroyés. En droit, la commission était éteinte, puisque, depuis plus de deux siècles, il n'y avait plus de commettans; mais on en avait conservé le nom, et cette prétendue junte était devenue un comité de sinécures, dont la couronne disposait en faveur de quelques courtisans privilégiés. En raison de la dispersion de la haute noblesse, il ne se trouvait, au mois d'avril 1808, que trois membres de la junte présens à Lisbonne, savoir : don Laurenço, comte d'Almada, Ayrés de Saldanha, comte d'Éga, et Pedro de Mello da Cunha, comte de Castro Marim, fils du grand-veneur du royaume. Le général en chef voulut qu'ils s'adjoignissent douze députés pris dans les trois ordres. Tous ensemble dressèrent un humble placet par lequel ils sollicitaient l'honneur d'être compris *au nombre des fidèles sujets de l'empereur Napoléon, déclarant que dans le cas seulement où Sa Majesté impériale penserait que la situation géographique, ou quelque motif politique ne permettrait pas aux Portugais d'être gouvernés immédiatement par elle, ils oseraient lui demander un prince de son choix, afin de lui remettre avec autant de respect que de confiance la défense des lois, des droits, de la religion et des intérêts les plus sacrés de la patrie* [1].

La forme et le fond de cette adresse adulatrice inspirèrent un égal dégoût à la portion éclairée de la nation. La crainte n'avait pas abattu tous les esprits. On voyait que Napoléon venait de donner au grand duché de Varsovie, un

[1] Voyez à la fin du volume (H).

gouvernement fondé sur les principes de la liberté et de la justice. Des patriotes portugais crurent être en droit d'espérer pour leur pays un bienfait semblable. Trois d'entre eux, le desembarcador [1] Francisco Duarte Coëlho, le docteur Ricardo-Raymundo Nogueira, recteur du collége des nobles [2], et le chanoine Simâo de Cordès Brandâo, professeur des droits naturel et des gens de l'université de Coïmbre, rédigèrent en secret le projet d'une constitution appropriée aux mœurs et aux localités du Portugal [3].

Quand cette œuvre fut achevée, il fallut la produire au jour. Les hommes du pouvoir absolu s'étaient appuyés sur un simulacre de représentation nationale. Les partisans de la

[1] On appelle en Portugal *desembarcador*, littéralement *débarrasseurs*, les juges des Cours supérieures.

[2] Le docteur Ricardo-Raymundo Nogueira a été plus tard, sous l'influence anglaise, membre de la régence du royaume de Portugal.

[3] Voyez à la fin du volume (1).

réforme des abus demandèrent aussi aux institutions de la monarchie un nom qui pût être opposé à un nom. Or, il a existé de temps immémorial à Lisbonne et dans les principales villes du Portugal, une magistrature populaire formée de vingt-quatre bourgeois de mœurs irréprochables. Chaque année, les vingt-quatre en exercice désignent dans les corporations des arts et métiers les vingt-quatre sujets qui doivent leur succéder l'année suivante. Un simple ouvrier, avec le titre de juge du peuple, est à la tête de ce conseil démocratique. Quand le vaisseau de l'État vogue sur une mer calme, l'autorité du juge du peuple est limitée dans une sphère bien inférieure à celle où vivent les grands de la terre; mais aux jours de la tempête, c'est un tribun que le monarque écoute, et la voix de l'homme libre fait alors trembler les courtisans et les ministres. On l'a vu, dans le dix-septième siècle, arrêter par la bride de son cheval le roi Jean IV, et lui dire que la nation ne l'avait pas mis sur le trône pour se livrer à ses goûts de chasse et de dissipation, mais pour travailler et suer au profit du peuple. Sous le règne d'Alphonse VI, une représentation énergique de ce magistrat a conservé au Portugal l'épée d'un général illustre, Schomberg, que des intrigans de cour voulaient éloigner du royaume. Plus tard, son intervention fut nécessaire pour arracher la couronne au même Alphonse VI, prince absurde et frénétique, et pour la placer sur une tête plus capable de la porter.

Jose de Abréo Campos, tonnelier de profession, qui exerçait en l'année 1808, à Lisbonne, la charge de juge du peuple, n'était pas indigne de ses prédécesseurs. Un sens droit et un patriotisme ardent le conseillaient mieux que la fausse science de ceux qui se croyaient plus habiles que lui. On ne l'avait pas vu comme les grands, comme les parens du prince, s'empresser aux fêtes de l'étranger, et célébrer les vertus du conquérant qui chargeait le royaume de contributions de guerre. Quand les quines portugaises avaient été effacées des monumens publics, il s'était obstiné à les conserver sur le bâton (*la vara*) qui dans la Péninsule est le signe du pouvoir civil, soutenant avec raison qu'elles étaient les armes, non pas de la maison de Bragance, mais de la nation portugaise.

Tel était l'homme auquel les amis de la liberté eurent recours. Ils firent circuler dans le public le projet de constitution qui avait été mûri en silence. Jose de Abréo Campos prit sous sa sauve-garde un acte dans lequel étaient consacrées l'égalité des droits, la liberté de la presse, la tolérance religieuse, et l'association des élus du peuple à la puissance législative. Lorsque la junte des trois États le fit appeler, ainsi que le clergé, la noblesse et les tribunaux, pour souscrire leur placet à l'Empereur, il protesta solennellement contre cet acte d'abjection et contre l'incompétence de ceux qui l'avaient rédigé. Il présenta le projet de constitution sous la forme d'une adresse à l'Empereur, et comme applicable aux besoins de la nation, s'en rapportant au surplus au vœu qu'elle exprimerait étant rassemblée en cortès.

Ce cri de liberté blessa les oreilles du duc d'Abrantès. Il ne se contenta pas de refuser son appui à un ordre d'idées opposé au système impérial. Il appela brouillons et factieux ceux qui osaient les proclamer, oubliant que lui aussi était l'enfant d'une révolution. Jose de Abréo Campos fut mandé au quartier-général, et reçut une réprimande sévère qui en fit un ennemi acharné des Français.

On exila de Lisbonne des hommes de lettres soupçonnés d'avoir travaillé au projet de constitution. L'adresse de la junte revêtue de la signature du juge du peuple, extorquée par la menace, fut bien et duement déclarée contenir le vœu libre et spontané du clergé, de la noblesse et du tiers-état de Portugal. Un fidalgue, Jose Sebastiâo de Saldanha, se chargea de la porter à l'Empereur; mais quand il se mit en route, les communications avec l'Espagne étaient déjà interrompues. Jose Sebastiâo revint à Lisbonne, disant qu'il n'avait pas pu arriver jusqu'à Ciudad-Rodrigo. Les Portugais attendirent un autre avenir.

Nous nous sommes arrêtés sur les nuances et les vicissitudes de l'opinion publique. Dans cette guerre au-delà des Pyrénées, on a méprisé constamment les peuples, et l'on a cru pouvoir les ployer sous le joug de la force matérielle. L'ordre des faits nous amène dans un champ plus vaste sur lequel les fautes que nous avons signalées et de plus graves encore, préparèrent des malheurs sans fin. Désormais, les campagnes de Portugal ne figureront plus que comme épisodes dans le récit de la guerre de la Péninsule. Le premier corps d'observation de la Gironde était l'avant-garde des armées françaises. Le corps de bataille vint ensuite. Nous allons dire comment sa présence opéra un bouleversement en Espagne.

LIVRE TROISIÈME.

INVASION DE L'ESPAGNE.

SOMMAIRE.

Formation et entrée en Espagne du 2e corps d'observation de la Gironde. — Formation et entrée en Espagne du corps d'observation des côtes de l'Océan. — Formation du corps d'observation des Pyrénées-Orientales. — Appel de la conscription de 1809. — Occupation de la Catalogne, surprise des forts de Barcelone, de San-Fernando de Figuières et de la citadelle de Pampelune. — Formation du corps d'armée des Pyrénées-Occidentales. — Réflexions sur la composition des armées françaises dans la Péninsule. — Arrivée du grand-duc de Berg, nommé lieutenant de l'Empereur. — Tableau de la cour d'Espagne. — Conjuration de l'Escurial. — Voyage de Napoléon en Italie. — Inquiétude du prince de la Paix et de la cour d'Espagne. — Mouvement d'Aranjuez, et abdication de Charles IV. — Marche de l'armée française vers Madrid. — Entrée de Ferdinand VII dans Madrid. — — Réflexions sur les projets successifs de l'Empereur relativement à l'Espagne. — Rapports de la nouvelle et de la vieille cour avec le grand-duc de Berg. — Départ de Ferdinand VII pour Bayonne. — Départ du prince de la Paix et des vieux souverains. — Conférences de Bayonne. — Disposition des esprits en Espagne. — Émeute de Tolède. — Journée du 2 mai à Madrid. — Le grand-duc de Berg nommé lieutenant-général du royaume. — Transaction de Bayonne.

LIVRE TROISIÈME.

INVASION DE L'ESPAGNE.

Après le traité de Fontainebleau, il n'y eut plus de Pyrénées. L'article 6 de la convention secrète, signée le 27 octobre 1807, par Duroc et Izquierdo, portait « qu'un corps de quarante mille hommes de troupes françaises serait réuni à Bayonne, le 20 novembre au plus tard, pour être prêt à entrer en Espagne, à l'effet de se rendre en Portugal, dans le cas où les Anglais y enverraient des renforts, ou le menaceraient d'une attaque. Néanmoins, le nouveau corps ne devait se mettre en mouvement que lorsque les deux hautes parties contractantes auraient été mutuellement d'accord sur ce point. » Or, l'Angleterre menace éternellement le Portugal, en ce sens que, maîtresse de la mer par ses trois cents vaisseaux de guerre et ses deux cent mille matelots, elle devient, quand elle le veut, frontière de tous les États qui ont des côtes, et se fait redouter même quand ses escadres sont absentes.

Pendant que le premier corps d'observation de la Gironde traversait l'Espagne, le deuxième se rassembla à Bayonne, fort de vingt-quatre mille hommes d'infanterie, trois mille cinq cents chevaux et trente-huit pièces d'artillerie. L'infanterie presque entière consistait en légions de réserve; on appelait ainsi des corps nouveaux que des officiers-généraux, choisis dans le Sénat, avaient formés, depuis cinq mois, avec la conscription anticipée de l'année 1808. Les légions de réserve différaient des régimens de ligne par quelques nuances dans l'organisation, et par leur destination bornée primitivement à la garde du territoire de l'empire. La cavalerie se composait d'escadrons pris dans les dépôts de l'intérieur de la France, et réunis en régimens provisoires de cuirassiers et de chasseurs.

Dupont fut nommé au commandement en chef de cette armée; il n'était que général de division, mais il venait de se couvrir de gloire dans les campagnes d'Autriche et de Prusse. On lui donna pour chef d'état-major le général de brigade Legendre. Le général Barbou quitta la onzième division territoriale, pour prendre la première division d'infanterie; Védel et Malher eurent les deux autres. On confia la cavalerie au général Frésia, ancien officier au service du roi de Sardaigne, que la révolution avait jeté dans les rangs français. Le général de brigade Dabadie était à la tête des ingénieurs; le général de brigade Simon Faultrier commandait l'artillerie, corps dans lequel son nom se recommande par cent trente ans de services héréditaires.

Le 22 novembre 1807, le deuxième corps d'observation de la Gironde commença à entrer en Espagne. Dans le mois de janvier 1808, le quartier-général s'établit à Valladolid, et les divisions furent cantonnées sur le Duero, à peu de distance de cette ville. Le général en chef eut ordre de tenir des détachemens à Salamanque, comme pour indiquer qu'il allait se porter sur Lisbonne.

Dans cette position, les troupes de Dupont pouvaient être considérées comme la réserve de celles qui occupaient déjà le Portugal. Une autre armée se formait en troisième ligne sur les rives de la Garonne; quarante-sept détachemens de jeunes soldats d'infanterie furent tirés des dépôts de régimens établis sur les frontières du nord et de l'est, et transportés à Bordeaux sur des voitures préparées à l'avance dans chaque gîte d'étape. Cette manière de faire voyager les troupes en poste, abrégeait de plus de moitié la longueur de la route, et conservait les forces et la santé des soldats. A mesure que les détachemens arrivèrent, on les organisa en régimens provisoires d'infanterie et de cavalerie, commandés par des majors de la ligne; le travail avait été fait d'avance dans les bureaux du ministère de la guerre. Les régimens provisoires se réunirent en brigades et en divisions; on forma de la même manière des cadres provisoires de cavalerie: l'artillerie fut tirée des arsenaux de Lille, de Metz et de La Fère. Cette nouvelle armée, forte de vingt-cinq mille hommes d'infanterie, de deux mille sept cents chevaux et de quarante-une pièces de canon, s'appela le corps d'observation des côtes de l'Océan; l'Empereur la confia au maréchal Moncey, qui avait commandé douze ans auparavant les armées de la République en Espagne.

La tête de la colonne passa la Bidassoa le 9 janvier, et poussa jusqu'à l'entrée de la Castille. Les troupes s'étendirent dans les trois provinces de Biscaye : le maréchal Moncey avait pour chef d'état-major le général de brigade Harispe, son élève et son compagnon d'armes à l'ancienne armée des Pyrénées-Occidentales. Les généraux Musnier de la Converserie, Morlot et Gobert commandaient les trois divisions d'infanterie du corps d'armée; à la tête de la cavalerie était Grouchy, l'un des divisionnaires des armées françaises dont la réputation était la plus brillante et la plus méritée. Les généraux de brigade Couin et Cazal commandaient, l'un l'artillerie, l'autre le génie.

L'introduction des deux corps d'armée dans la Péninsule n'eût dû avoir lieu, conformément au traité, qu'après un arrangement spécial entre les cabinets de Paris et de Madrid. On présuma l'assentiment de Charles IV, parce qu'on connaissait sa faiblesse; le gouvernement français ne prit même pas la peine de lui notifier la marche des troupes; ce qui avait déjà passé les Pyrénées excédait de beaucoup le nombre de quarante mille hommes stipulé dans l'article 6 de la convention secrète, et cependant le mouvement des troupes se continuait sans lacune, et d'autres dispositions qu'on faisait sur les frontières et dans l'intérieur de la France décelaient de vastes projets. Les troisième et quatrième bataillons des régimens servant en Portugal, étaient à Saint-Jean-Pied-de-Port, prêts à pénétrer, par le débouché de Ronceveaux, au centre de la Navarre. Les généraux Verdier et Lassalle formèrent deux fortes divisions, l'une d'infanterie, à Orléans, l'autre de cavalerie, à Poitiers, avec des élémens semblables à ceux dont avait été composé le corps d'observation de l'Océan. On diminua la force du camp de Boulogne et des autres stations des côtes ; les régimens suisses et étrangers restés dans les anciennes forteresses, les derniers bataillons des légions de réserve, les conscrits de 1808, dont on n'avait pas encore disposé, furent dirigés sur les armées actives des Pyrénées. On donna la même destination à quatre mille vieux soldats des compagnies départementales instituées pour la police de l'intérieur. Pour outiller à la hâte des équipages d'artillerie, les arsenaux des places, entre la rive gauche de la Loire et les frontières, acquirent tout-à-coup une activité dont ils étaient désaccoutumés depuis un siècle. Bayonne devint une grande place de dépôt.

A l'autre extrémité de la chaîne des Pyrénées, Perpignan était destiné à jouer un rôle semblable, mais sur une échelle moindre. Là aussi on forma une armée, et les secours à porter en Portugal ne pouvaient pas servir de prétexte à son rassemblement. Le corps d'observation des Pyrénées-Orientales fut composé de troupes napolitaines, italiennes et françaises, tirées de l'Italie, au nombre de onze mille hommes d'infanterie, et de dix-sept cents de cavalerie, avec dix-huit bouches à feu. Duhesme, un des plus anciens généraux de division de l'armée, en eut le commandement; on mit sous ses ordres le général italien Lecchi, qui avait amené les troupes de par-delà les Alpes, et le général français Chabran, qui fut appelé de Toulouse où il commandait la 10e division militaire territoriale.

Le déploiement d'une si grande partie des forces nationales s'exécutait sans bruit. L'étranger l'ignorait; les citoyens s'en apercevaient à peine; l'absence de l'Empereur ne suspendit pas l'activité des préparatifs. Ce prince employa les six dernières semaines de l'année 1807 à visiter le royaume d'Italie : nous avons déjà parlé de son voyage, et nous y reviendrons encore, parce qu'il se rattache aux événemens de notre histoire. A trois cents lieues de sa capitale, Napoléon donnait l'impulsion à la machine politique, comme s'il eût présidé au conseil de ses ministres; et le mouvement s'opérait dans les cadres qu'il avait préparés. A voir la célérité avec laquelle l'enthousiasme et la crainte le servaient, on eût dit qu'il n'y avait en France qu'un bras pour exécuter, comme il n'y avait qu'une tête pour concevoir.

De retour à Paris, l'Empereur arme quatre-vingt mille conscrits de 1809. L'entrevue de Tilsit paraissait avoir garanti pour quelques années la paix du continent. Quelle puissante considération a donc pu déterminer le gouvernement à arracher tant d'enfans à leurs mères, tant de bras à l'agriculture et aux arts? « La nécessité, répondront les ministres de Napoléon [1], d'avoir sur tous les points d'attaque des moyens considérables, afin de profiter des circonstances heureuses qui se présenteraient pour porter la guerre au sein de l'Angleterre, de l'Irlande et des Indes... » Suivant l'un d'eux, « une politique vulgaire aurait amené l'Empereur à désarmer, mais cette politique serait

[1] Lisez les rapports des ministres de la guerre et des relations extérieures, insérés dans *le Moniteur* du 24 janvier 1808.

un fléau pour la France. » Suivant l'autre, « il ne suffit pas d'avoir une armée en Portugal. L'Espagne a eu des craintes pour Cadix ; elle en a eu pour Ceuta : c'est vers cette partie du monde que les Anglais paraissent vouloir diriger leurs expéditions secrètes. Ils ont débarqué beaucoup de troupes à Gibraltar ; ils ont rappelé de ce côté celles qui ont été chassées du Levant, et une partie de celles qu'ils avaient accumulées en Sicile. Leurs croisières sur les côtes d'Espagne deviennent plus vigilantes ; ils semblent vouloir se venger sur ce royaume, des revers qu'ils ont éprouvés dans les colonies. Toute la Presqu'île mérite donc de fixer particulièrement l'attention de Sa Majesté. »

NAPOLÉON ne la perdait pas de vue. Au mois de février, le corps d'armée des Pyrénées-Orientales entra en Catalogne. Deux bataillons du 2e régiment d'infanterie, commandés par le général de brigade Nicolas, s'arrêtèrent à Figuières, sous prétexte d'y attendre un grand personnage qu'on disait tout bas être l'Empereur. Il n'y avait pas de casernes dans la ville. Le général demanda à loger ses bataillons en haut, dans la citadelle de San-Fernando, la forteresse la plus moderne de l'Espagne, et la plus difficile à prendre. Le gouverneur était un vieillard décrépit, et sa garnison consistait en trois cents gardes wallonnes et canonniers. Il admit les Français. Le lendemain, Nicolas partit avec un bataillon. Le major Piat, qui restait avec un bataillon, fit descendre dans la ville la garnison espagnole.

Pendant ce temps-là, le reste du corps d'armée arrivait à Barcelone. Le général en chef Duhesme annonça qu'après deux jours ses soldats continueraient leur marche vers Valence.

La capitale de la Catalogne est défendue par deux forteresses, la citadelle, pentagone régulier, élevé dans le dix-huitième siècle à l'extrémité nord-est de la ville, et le château de Mont-Joui, situé au sud, sur la pointe d'un rocher d'où l'on bat la ville, le port et la campagne. Le 16 février, les troupes de passage prirent les armes, sous le prétexte d'être inspectées avant leur départ, qui devait avoir lieu le lendemain. Lecchi rangea ses Italiens en bataille sur les glacis de la citadelle, le dos tourné aux fortifications. Tous les oisifs de Barcelone, même les soldats espagnols de la garde, accoururent à la revue. Pendant qu'ils écoutaient la musique, et que l'attention était fixée sur la vigilance minutieuse avec laquelle les officiers et le général lui-même exploraient toutes les parties de l'habillement, deux compagnies de la droite, laissant leurs havresacs à terre, se glissent derrière la ligne, tournent court devant l'entrée de la citadelle, et couvrent le tablier du pont-levis avant qu'on ait eu le temps de le lever. Lecchi arrive au galop, suivi de son état-major. Il crie aux soldats espagnols que son projet est de rendre visite à leur commandant, et que les deux compagnies sont là pour lui servir d'escorte. Pendant ce pourparler, deux bataillons s'avancent, et la ligne entière paraît prête à s'ébranler. Les Italiens sont maîtres de la citadelle.

Le rocher de Mont-Joui était d'un accès trop difficile pour que les troupes pussent y arriver sans être aperçues. Duhesme se rendit chez le comte d'Ezpeleta de Veyre, capitaine-général de la province [1] : « Mes soldats occu-» pent votre citadelle, lui dit-il; ouvrez-moi » à l'instant les portes de Mont-Joui; car l'em-» pereur Napoléon m'a ordonné de mettre » garnison dans vos forteresses. Si vous hé-» sitez, je déclare la guerre à l'Espagne, et » vous serez responsable, envers votre prince » et votre nation, des torrens de sang que » votre résistance aura fait couler. » Le nom de Napoléon produisit son effet accoutumé. Le général espagnol était âgé et timide, son

[1] En Espagne, capitaine-général de province est un emploi, capitaine-général des armées est un grade.

gouvernement lui avait donné pour unique instruction, d'éviter toute démarche propre à compromettre les rapports de bonne amitié avec la France. Il rendit les clefs de Mont-Joui, et le général Duhesme se crut maître de la Catalogne.

Ainsi tomba, sans coup férir, au pouvoir des Français, la plus grande ville de la monarchie espagnole, celle qui, un siècle auparavant, avait lutté seule, toute l'Espagne soumise, contre les armées de Louis XIV. Il y eut, dans les moyens par lesquels on s'en rendit maître, un mélange de l'astuce des faibles et de l'arrogance des forts. On n'employa que la ruse pour Pampelune et Saint-Sébastien.

Le général de brigade Darmagnac avait conduit en Navarre, par le pas de Ronceveaux, trois bataillons français, savoir : un du 15e régiment d'infanterie, un du 47e et un du 70e. On lui avait ouvert les portes de Pampelune comme à un ami ; mais l'autorité militaire était restée entre les mains du vice-roi, marquis de

Valle-Santoro, qui défendit le château de Belle-Garde dans la guerre de la révolution, et le bataillon de volontaires de Tarragone, fort de sept cents hommes, était logé dans la citadelle, et fournissait seul le service de la place. Depuis que le cardinal don Francisco Cisneros, régent de Castille, a démantelé toutes les places de Navarre, à l'exception de la capitale, c'est une opinion reçue, que celui-là est maître de la province, qui commande à Pampelune. Pour commander à Pampelune, il fallait s'emparer de la citadelle. Cette forteresse, bâtie par Philippe II, renferme les magasins pour les munitions de guerre et de bouche. Les soldats français venaient, à des jours marqués, en capote, en bonnet et sans armes, recevoir les vivres dans l'enceinte de la citadelle; la troupe espagnole faisait bonne garde, et ne manquait jamais de tenir les ponts-levis levés, tout le temps que durait la distribution.

Pendant la nuit du 15 au 16 février, Darmagnac réunit cent grenadiers dans son logement qu'il avait pris, non sans dessein, sur l'esplanade qui sépare la ville de la citadelle. Ils entrèrent chez leur général avec leurs fusils et leurs cartouches, les uns après les autres, et dans un profond silence. Le 16, à sept heures du matin, une corvée [1] de soixante hommes alla aux vivres comme de coutume; mais elle fut commandée par un officier de tête et de vigueur, le chef de bataillon Robert du 70e régiment. Sous prétexte d'attendre le quartier-maître, les hommes de corvée s'arrêtèrent, partie sur le pont-levis, partie dans l'avancée. Il pleuvait: quelques-uns entrent dans le corps-de-garde pour se mettre à couvert. A un signal donné, ils sautent sur les fusils qui sont au râtelier. Deux sentinelles sont désarmées. Les Espagnols ne peuvent pas

[1] Les soldats français appellent *corvée* le détachement commandé pour une corvée, c'est-à-dire pour un travail ou un service en dehors des fonctions purement militaires.

se dépêtrer des mains des Français qui remplissent le corps-de-garde. Ceux qui veulent se défendre reçoivent des bourrades de crosse de fusil. Alors arrivent à la course les grenadiers embusqués dans la maison du général. Ils se portent sur un bastion armé de quinze pièces, qui battent le fossé et la place d'entrée. Le bataillon du 47e, logé non loin de-là, a suivi de près les grenadiers. Tout le rempart était bordé de Français, avant que la garnison espagnole, enfermée dans les casernes, eût pensé à se mettre en défense. Darmagnac annonce au vice-roi et au conseil de Navarre que, devant probablement séjourner pendant quelque temps à Pampelune, il a été obligé, pour la sûreté de ses troupes, de faire entrer dans la citadelle un bataillon qui y fera le service de concert avec la garnison nationale. Ce léger changement, loin d'altérer la bonne harmonie, doit être considéré comme un lien de plus entre deux alliés réciproquement fidèles.

Les liens de cette nature se resserraient

chaque jour davantage; le général de brigade Thouvenot avait été envoyé à Saint-Sébastien avec la commission de rassembler, dans un dépôt, les soldats qui rejoignaient isolément leur corps en Espagne. Ce dépôt, étant devenu très-nombreux en peu de temps, se trouva en possession de la place, sans que les détachemens des régimens espagnols du Roi et d'Africa, qui y tenaient garnison, s'en fussent aperçus.

C'est ainsi que les Français devinrent maîtres de San-Fernando de Figuières, de Barcelone, de Pampelune et de Saint-Sébastien; alors leurs opérations militaires dans la Péninsule furent assises sur une base raisonnable.

Les troupes qui avaient pris la citadelle de Pampelune, ayant été relevées par des bataillons venus de France, en rallièrent d'autres en Biscaye, et toutes ensemble allèrent en Castille sous les ordres du général de division

Merle. Pendant le mois de mars, la brigade des fusiliers de la garde impériale, trois mille chevaux pris dans les dépôts des gendarmes d'élite, dragons, chasseurs, mameloucks, chevau-légers de Berg et de Pologne, et un équipage considérable d'artillerie, passèrent la Bidassoa. Ce mouvement s'opéra pêle-mêle avec celui des réserves d'Orléans, de Poitiers, de Bayonne, qui achevaient de s'organiser en marchant, et qui remplacèrent d'autres réserves échelonnées sur les côtes de l'Océan. Toutes ces troupes réunies sous les ordres du maréchal Bessières, duc d'Istrie, l'un des quatre colonels-généraux de la garde impériale, formèrent le corps d'observation des Pyrénées-Occidentales, fort de dix-neuf mille hommes, non compris six mille de la garde, infanterie, cavalerie et artillerie.

Le masque était jeté ; les observateurs intéressés que l'Espagne a reçus en alliés, dissimulent encore leurs projets, mais ils n'essaient plus de cacher les moyens qu'ils prennent pour les accomplir. L'Empereur ordonna d'armer les remparts et d'approvisionner les magasins des places nouvellement occupées. Comme il n'existait pas un seul endroit fortifié sur la route directe de Bayonne à Madrid, on entreprit de restaurer et mettre en état de défense les vieux châteaux de Pancorvo et de Burgos. Les arsenaux de Bayonne, de Perpignan, de Pampelune et de Barcelone acquirent une extension et une activité de travaux inconnues depuis plus de cent ans, et même pendant la guerre de la révolution. On fabriqua plusieurs milliers de rations de biscuit dans les villes de la frontière de France, et on en transporta une partie dans les places d'Espagne. Sur les différentes lignes d'opération, les couvens furent transformés en casernes et en hôpitaux; on n'y vit plus que convois de munitions et de vivres, train d'artillerie et officiers courant la poste pour explorer et rendre compte. De la Bidassoa au Duero le pays fut couvert de soldats; les villes et les bourgades eurent presque toutes des commandans français. La police échappa aux autorités espagnoles pour passer dans les mains des nouveaux venus ; quelques bataillons nationaux, clair-semés à travers le débordement des troupes étrangères, étaient frappés d'impuissance, et même après la surprise des forteresses, leur gouvernement les laissait sans direction et sans ordre. Ceux-là eussent été endurcis dans leur aveuglement, qui eussent encore voulu ne voir dans un pareil développement de forces, que le passage d'une armée pour une opération déterminée. L'Espagne était envahie, et l'invasion progressive avait été calculée dans l'objet d'anéantir les moyens de résistance avant qu'ils pussent être réunis et mis en œuvre.

Napoléon n'avait pas mesuré l'étendue de la carrière qu'il avait à parcourir ; il croyait possible de conquérir l'Espagne sans avoir à combattre les Espagnols. Les troupes qui avaient franchi les Pyrénées n'avaient ni la consistance ni la vigueur nécessaires pour de hautes entreprises ; leur matériel était le rebut des grandes armées restées intactes en présence de l'Europe : les officiers étaient de deux sortes, les uns arrachés des dépôts où ils attendaient la réforme ou la retraite, et mécontens d'être retenus sous les drapeaux malgré leur inaptitude ou leurs infirmités; les autres, très-jeunes, sortant des écoles, dont l'inexpérience avait besoin d'être guidée par de bons exemples. Il y avait peu de sous-officiers et peu d'étoffe pour en faire; la cavalerie n'avait que jeunes soldats et jeunes chevaux. L'infanterie n'était pas composée d'élémens homogènes; tel bataillon ne comptait que quatre ou six compagnies, tandis que le bataillon, son voisin dans l'ordre de bataille, était fort de huit ou de dix [1]. Après les

[1] Pendant la campagne de 1808, les bataillons du 1er corps d'observation de la Gironde, entrés les pre-

légions de réserve et les corps provisoires, on avait créé des régimens supplémentaires; vinrent ensuite les régimens de marche, où furent entassés les détachemens oubliés ou négligés, les déserteurs rentrés, les hommes sortis des hôpitaux. Ni l'esprit de corps ni les souvenirs de la gloire acquise ne vivifiaient ces agrégations formées la veille pour être dissoutes le lendemain; les soldats ne voyaient pas flotter au-dessus de leur tête les étendards de la patrie! Ne se connaissant pas entre eux, ignorés de leurs officiers, dont ils ne savaient

miers dans la Péninsule, conservaient dix compagnies; les bataillons des légions de réserve étaient de huit, ceux des régimens provisoires n'en avaient que quatre; enfin les bataillons des régimens d'infanterie légère et de ligne étaient organisés à six. Cette bigarrure disparut à la seconde campagne. Les corps de toute arme reçurent la même formation, c'est-à-dire, pour l'infanterie, les six compagnies par bataillon, ainsi que l'a réglé le décret impérial du 18 février 1808. Il n'y eut plus d'inégalité que parmi les bataillons et les escadrons de marche, formés pour peu de temps d'élémens que le hasard avait rassemblés.

même pas les noms; peu soignés, mal entretenus, inexactement payés, leur existence était mobile et précaire comme les corps éphémères dont ils faisaient partie.

La capacité des chefs dut suppléer à l'inefficacité des moyens qu'on leur avait confiés. Le général de division Mouton, aide-de-camp de l'Empereur, un des officiers de l'armée le plus entendus dans l'organisation et l'éducation des troupes, fut chargé d'inspecter les régimens provisoires. On profita de la douceur du climat pour instruire les soldats pendant l'hiver; les Français savent en quinze jours ce que les recrues des autres nations mettent trois mois à apprendre. Ils amusèrent les Espagnols par le simulacre de la guerre, en attendant qu'ils les effrayassent par la réalité. Le général de division Malher fut tué, le 8 mars, à Valladolid, dans un exercice à feu, par un conscrit maladroit qui l'atteignit avec la baguette laissée par mégarde dans le canon de son fusil : le premier, parmi les officiers-généraux, il arrosa de son sang la terre qui devait plus tard être jonchée des cadavres de ses compatriotes.

Les corps de troupes qui étaient entrés les uns après les autres dans la Péninsule, formaient autant d'armées distinctes dont chacune avait son commandant, son état-major et son administration. Quand on fut arrivé au moment de les faire agir ensemble, il fallut leur donner un chef; le prince Murat, grand-duc de Berg, partit pour l'Espagne avec le titre et l'autorité de lieutenant de l'Empereur. Il vint presque seul; mais avant et derrière lui marchaient trois ou quatre cents officiers isolés de tout grade, commissaires des guerres, employés du service administratif. Plusieurs d'entre eux, admis précédemment à la réforme ou à la retraite, venaient d'être remis en activité sans l'avoir demandé. L'inspecteur en chef aux revues d'Hennié fut nommé intendant-général des armées françaises en Espagne. Les généraux de division Lariboissière et Lery eurent le commandement en chef, l'un de l'artillerie, l'autre du génie. Le général de division Auguste Belliard fut chef de l'état-major-général.

Le grand-duc de Berg arriva le 13 mars à Burgos ; ses instructions lui prescrivaient de faire marcher l'armée sur Madrid, d'observer, et, dans tous *les événemens imprévus, de donner des instructions et des ordres pour la sûreté des troupes*. L'Empereur vient derrière ; avant peu de jours il aura passé les Pyrénées ; on ne peut prévoir ce qu'il ordonnera de l'Espagne, et lui-même l'ignore encore. Ainsi les destinées d'une grande nation sont livrées à la merci de l'étranger. Où est le monarque, où sont les princes, les ministres et les grands qui la sauveront en ces jours d'alarmes ?

Nous avons fait connaître dans notre introduction le monarque faible que ses vertus privées et le respect inné des Espagnols pour la royauté sauvaient à peine de la déconsidération publique; la Reine méprisée et haïe, parce qu'elle avait donné le favori à l'Espagne; le favori chargé à la fois de ses propres iniquités et des malheurs du temps; la haute noblesse divisée en deux parts, dont la plus nombreuse rampait aux pieds du dispensateur des grâces, tandis que les autres déclamaient contre les abus, quelques-uns par pur patriotisme, presque tous parce qu'ils n'en profitaient pas. Nous n'avons pas manqué de signaler le haut degré d'élévation auquel s'était soutenu le caractère national, malgré la dégradation du gouvernement et la dépression de la classe supérieure.

La puissance scandaleuse des favoris a presque toujours introduit la discorde dans les familles des rois. Les mécontens (et leur nombre croissait de jour en jour à la cour de Madrid) se groupaient autour de l'héritier du trône, et cherchaient à diriger ses conseils.

Le duc de l'Infantado, le duc de San-Carlos, et don Juan de Escoiquitz, un des dignitaires de l'Église de Tolède, étaient les trois personnages les plus marquans du parti. Le duc de l'Infantado passait pour un seigneur rempli d'honneur et de patriotisme. Ce n'était pas assez dans des temps difficiles où il fallait voir de loin. Fils d'une mère allemande et élevé à Paris, il avait perdu à l'étranger la gravité castillane, sans acquérir en échange la vivacité de conception et l'aptitude universelle, attributs distinctifs du peuple chez lequel il avait puisé ses premières impressions. San-Carlos avait été gouverneur du prince des Asturies. On lui accordait beaucoup de réserve et de mesure. Le chanoine Escoiquitz, ancien précepteur du prince, exerçait plus d'influence que les deux autres sur l'esprit de son royal élève. Homme probe et instruit, il était sorti sans mission de la carrière des belles-lettres, qui était son fait, pour se jeter dans le dédale de la politique, où un caractère confiant et un esprit étroit le condamnaient à rester toujours novice. Le prince de la Paix craignant son ascendant, et s'exagérant le mérite d'Escoiquitz, le tenait depuis long-temps éloigné de la cour. Une circonstance qu'on ne pouvait pas prévoir, le mit en évidence.

Ferdinand, prince des Asturies, à peine âgé de vingt-trois ans, était veuf, depuis seize mois, d'une fille de la reine de Naples. Le Roi son père, à l'instigation de Godoy, voulut lui faire épouser en secondes noces dona Maria-Luisa de Bourbon, sœur de la femme du prince de la Paix. Ce mariage ne blessait pas les convenances, car l'épouse désignée était la petite-fille de Philippe V, et le nom d'infante manquait seul à son illustration; mais le jeune prince s'irrita contre un arrangement dont l'effet serait de le rapprocher de l'homme qu'il regardait comme un ennemi mortel et comme le fléau de la monarchie. Ses conseillers approuvèrent sa juste répugnance. On lui suggéra, pour le délivrer de l'obsession du Roi et du favori, l'idée heureuse de demander à l'empereur des Français une épouse de sa maison ou de son choix. Ce monarque sera flatté d'une marque de condescendance qui assure la durée de sa prépondérance en Espagne. Une princesse du sang impérial servira à Ferdinand d'égide contre l'égarement de ses parens et contre les attaques de Godoy.

François de Beauharnais était ambassadeur de France à Madrid. S'il ne fut pas l'auteur du projet, au moins y donna-t-il les mains avec un empressement qui n'était pas tout-à-fait désintéressé. Beauharnais tirait son principal relief de la grandeur de l'impératrice Joséphine, comme étant le frère aîné de son premier mari. Il n'existait, parmi les membres reconnus de la dynastie impériale, aucune princesse nubile du nom de Bonaparte. On devait penser que Napoléon choisirait dans la famille de sa femme l'épouse du prince des Asturies, en l'élevant d'abord au rang de princesse, ainsi qu'il avait fait, en dernier lieu, pour la grande-duchesse héréditaire de Baden; et dans le rêve de l'ambassadeur, celle des nièces de l'impératrice qui a depuis été mariée au duc d'Aremberg, devait monter un jour sur le trône d'Espagne.

Le 11 octobre 1807, Ferdinand adressa, à l'insu du Roi et de la Reine, sa demande à Napoléon [1]. Comme son intérieur était peuplé des créatures et des espions de Godoy, celui-ci ne tarda pas à avoir connaissance de la lettre. Il n'eut pas de peine à faire considérer le recours du prince héréditaire à un souverain étranger, comme un attentat à l'autorité royale et paternelle. Charles IV, sortant, pour la première fois, des habitudes de sa vie et des convenances de son rang, s'avisa d'imiter Philippe II, celui de ses prédécesseurs avec lequel il avait assurément le moins de ressem-

[1] Voyez à la fin du volume (J).

blanco. A la tête d'une troupe de ses gardes-du-corps, il arrêta son fils, le désarma de ses propres mains, et l'enferma dans une chambre de ce sinistre palais de l'Escurial, encore plein des souvenirs de l'infortuné don Carlos.

Le prince resta sans communication avec qui que ce fût. Sa prison fut entourée de sentinelles. On fit le dépouillement de ses papiers; ils renfermaient un plein pouvoir écrit en entier de la main de Ferdinand, avec un cachet noir et la date en blanc, par lequel le duc de l'Infantado recevait le titre de généralissime et le commandement des troupes dans la Nouvelle-Castille, pour prendre, dans le cas où le Roi viendrait à mourir, telles mesures qui seraient jugées utiles au bien de la monarchie, et deux mémoires composés par le chanoine Escoiquitz, et copiés par le prince, tendant à éclairer la religion du Roi sur les abus du gouvernement du prince de la Paix, et sur les inconvéniens de l'union projetée par ce dernier. On trouva aussi parmi les papiers un chiffre qui, du vivant de la princesse des Asturies, avait servi à sa correspondance avec la reine de Naples, sa mère.

Charles IV ordonna au conseil de Castille de prendre connaissance des pièces, et d'informer contre ceux dont les noms s'y trouvaient impliqués. Il présenta à la nation et à l'Europe son fils comme un parricide [1]. L'accusation dépassait les bornes de la vraisemblance. Jamais Ferdinand ne conçut l'horrible projet d'attenter à la vie des auteurs de ses jours. L'imprudence de sa conduite s'explique naturellement par l'ambition de ses alentours, et par la crainte qu'ils lui inspirèrent des tentatives que Godoy pourrait faire à la mort du Roi, afin d'intervertir l'ordre de succession au trône, et peut-être pour s'y placer lui-même.

On ne peut pas dire quelle eût été l'issue du

[1] Voyez à la fin du volume (K).

procès de l'Escurial. Marie-Louise haïssait son fils de la haine des mères adultères. Charles IV ne voyait et ne pensait que par les yeux et la volonté de son favori. Mais le nom de Napoléon y était mêlé. L'extrême danger qu'on eût couru en blessant la susceptibilité de l'Empereur, fut le salut de Ferdinand. Le prince de la Paix, effrayé de la part que l'ambassadeur de France avait prise à cette intrigue, se repentit bientôt de l'éclat qu'il lui avait donné, et se hâta d'étouffer la procédure. On fit signer au prince des Asturies des actes de repentir que Godoy avait rédigés. Il s'avoua coupable, dénonça ses complices, et promit une amitié inaltérable au prince de la Paix. A ce prix, la liberté lui fut rendue, et ses amis furent dispersés dans différens lieux d'exil.

Ceci nous ramène aux premiers jours du mois de novembre 1807. Alors le traité de Fontainebleau venait d'être conclu, et il ne s'était pas écoulé le temps nécessaire pour qu'il eût été ratifié par le roi d'Espagne. L'armée du général Junot marchait à travers la Vieille-Castille. Les amis de Ferdinand répandirent qu'elle allait prendre le chemin de Madrid. Ce bruit, joint à l'inimitié déclarée de l'ambassadeur de France, jeta de nouvelles alarmes dans l'ame de Godoy. Il contremanda le mouvement des corps espagnols destinés à coopérer à l'invasion du Portugal, ne voulant pas éloigner les troupes quand on était incertain des dispositions de la France.

L'Empereur se souciait aussi peu de Ferdinand que de Godoy. Il est étranger aux intrigues qui divisent la famille royale; mais déjà il a entrevu que ces intrigues favoriseraient plus tard sa marche politique. Quant à présent, il n'est occupé que du sort de l'expédition de Lisbonne. Que deviendront les vingt-cinq mille soldats de Junot déjà enfoncés dans la Péninsule, si le secours des alliés leur manque, si les Portugais entreprennent de résister?.... Le prince de la Paix fut momentanément rassuré quand il apprit où se bornaient les prétentions actuelles de l'Empereur. On s'empressa d'envoyer à Paris la ratification du traité de Fontainebleau. Les généraux Caraffa, Solano et Taranco reçurent l'ordre d'entrer en Portugal. Napoléon passa les Alpes.

Ce voyage d'Italie a une connexion intime avec les prochains déchiremens de l'Espagne. Les troupes françaises occupèrent la Toscane. L'infant roi d'Étrurie et la reine régente sa mère furent obligés d'abandonner une couronne à laquelle ils n'avaient pas renoncé, pour attendre auprès du trône paternel qu'on voulût bien les mettre en possession du royaume imaginaire de la Lusitanie septentrionale. Napoléon vit Lucien Bonaparte à Mantoue, lui promit le Portugal, et lui annonça qu'il avait jeté les yeux sur l'aînée de ses filles, pour la donner en mariage au prince des Asturies. Lucien avait été ambassadeur de la république française à Madrid en 1801.

L'élégance de ses manières contrastait avec l'âpreté des envoyés républicains qui l'avaient précédé. Il s'était concilié l'affection des Espagnols, et sa fille avait été l'objet des attentions particulières de la famille royale.

Pendant la durée du voyage d'Italie, les communications avec la cour de Madrid devinrent plus rares, à cause de la distance plus grande et des intérêts d'une nature différente qui absorbaient en apparence l'attention de l'Empereur. Le retour de ce monarque à Paris ne rétablit pas la confiance dans les rapports. Il s'exprima souvent sur le gouvernement du prince de la Paix avec dureté, et sur sa personne avec mépris : celui-ci demanda en vain le rappel de Beauharnais. Izquierdo ne tirait du prince Murat, le protecteur en titre de Godoy, que des promesses vagues de bienveillance, et des avis peu rassurans sur la nécessité de ménager, dans la personne de l'ambassadeur, le parent de l'impératrice Joséphine.

Cependant les armées françaises se succédaient les unes aux autres comme les flots de la mer, et inondaient les provinces septentrionales de l'Espagne. La maison de l'Empereur et les équipages de sa garde avaient pris le chemin de Bayonne. Les soldats vivaient aux dépens du pays. Malgré cette charge nouvelle, les Espagnols continuaient à payer des subsides. On leur demandait le reste de leurs escadres. Leurs troupes étaient hors du royaume, mises à la discrétion des généraux étrangers. La conspiration de l'Escurial avait servi à démontrer, sinon que le prince des Asturies était populaire, du moins que le Roi et la Reine avaient cessé de l'être. L'ambassadeur Beauharnais assurait que l'Empereur avait été sensible à la marque de confiance que lui avait donnée Ferdinand, en demandant une femme de son choix. Les généraux et les officiers français ne savaient pas quelle était l'œuvre qu'ils étaient destinés à accomplir; mais n'entendant chez leurs hôtes que malédictions contre l'auteur des maux de la patrie, ils s'associaient par sympathie à l'indignation publique, et quelques-uns d'entre eux répétaient par cette contagion de l'opinion si forte chez un peuple communicatif, que l'armée venait en Espagne pour faire justice d'un méchant.

Godoy éprouva ce trouble de l'ame et cet ennui du pouvoir, tristes avant-coureurs des catastrophes politiques. Il pensa à quitter ses emplois avant que ses emplois le quittassent. Tantôt, il voulait résigner la dignité de grand-amiral en faveur de l'infant don Francisco de Paula, le dernier des fils de la Reine, et le seul pour lequel il eût de la tendresse. D'autres fois, il se proposait d'acheter des biens-fonds en France, afin d'assurer à ses bâtards quelques moyens d'existence après lui [1]. Les illusions de popularité dont il s'était repu si long-

[1] Voyez à la fin du volume (L).

temps avaient cessé de fasciner son esprit; d'une part, le Roi vieux, infirme, accablé de chagrins; de l'autre, le royaume envahi par les armées d'un prince dont les intentions sont plus que suspectes. Quel sera son sort, si Napoléon lui retire une main protectrice et l'abandonne à la vengeance de l'héritier du trône? Pour comble de malheur, les refuges qu'il s'était ménagés par les négociations de Fontainebleau lui échappent; car le malheureux traité, qui a introduit les troupes françaises dans la Péninsule, était dès-lors considéré comme non avenu, et figurait seulement comme document pour l'histoire. Au lieu de penser à une souveraineté indépendante, le prince de la Paix ne rêvait plus que l'échafaud.

On ne s'arrête pas quand on le veut sur le penchant d'un précipice. Napoléon se plaisait à prolonger la sécurité de la nation espagnole. Il fit présenter au Roi et à la Reine, par un chambellan, douze chevaux de la plus grande beauté. Il écrivit à Charles IV qu'il se proposait de lui faire une visite, et de régler ensemble amicalement et sans l'intermédiaire des formes diplomatiques, les affaires de l'Espagne et du Portugal. Cette franchise et des soins si gracieux tranquillisèrent la cour de Madrid. Afin de rendre encore plus favorables les dispositions de son puissant allié, le Roi pria l'Empereur d'accorder une de ses parentes pour épouse au prince des Asturies. Godoy lui-même fut conduit, par le malheur des temps et par le pressentiment de sa chute prochaine, à conseiller une démarche pour laquelle il avait témoigné tant d'aversion, quatre mois auparavant. N'espérant plus sortir vainqueur de la lutte, et résigné à se jeter au-devant d'un malheur inévitable, il engagea le Roi, non-seulement à demander une princesse française, mais encore à abdiquer, aussitôt que le mariage aurait affermi la couronne dans sa maison.

Palliatif impuissant pour des maux presque incurables! Chaque jour la question se com-

pliquait davantage. A la fin du mois de février 1808, don Eugénio Izquierdo parvint à quitter Paris, où il était négligé et même rebuté depuis qu'on n'avait plus besoin de Godoy. Il apporta à Madrid une série de notes rédigées d'après les transmissions verbales que lui avaient faites à longs intervalles le grand-maréchal du palais Duroc, et le vice-grand-électeur, prince de Bénévent. « L'Em-
» pereur veut échanger le Portugal contre des
» provinces au nord de l'Èbre, afin d'épar-
» gner l'inconvénient d'un chemin militaire à
» travers la Castille. Sa Majesté désire que les
» Français et les Espagnols commercent libre-
» ment et réciproquement dans les colonies
» de chacune des deux puissances, en payant
» les droits auxquels les indigènes sont assu-
» jettis. Un nouveau traité offensif et défensif
» lui paraît nécessaire pour lier plus étroite-
» ment l'Espagne au système fédératif conti-
» nental. Le repos de son empire est intéressé
» à ce que l'ordre de succession au trône d'Es-

» pagne soit fixé d'une manière irrévocable.
» Sa Majesté est disposée à permettre au Roi
» de porter le titre d'empereur des Indes, et
» à accorder sa nièce pour femme au prince
» des Asturies ; mais ce mariage sera l'objet
» d'une négociation spéciale. »

Ainsi des propositions si inconvenantes [1] n'étaient pas encore un ultimatum. Izquierdo était trop versé dans l'intrigue, pour n'avoir pas enfin pénétré que Napoléon trompait tout le monde, et voulait disposer à son gré de toute la Péninsule. Son voyage eut pour objet, moins de continuer une négociation au succès de laquelle il n'avait pas la bonhomie de croire, que d'avertir son protecteur gravement compromis, et de dessiller les yeux de ses maîtres. Il était encore à Madrid quand on

[1] Ces propositions sont devenues publiques, ayant été développées avec plus d'extension dans une dépêche que don Eugénio Izquierdo adressa au prince de la Paix, et qui fut ouverte par d'autres que celui auquel elle était destinée.

apprit la surprise des places de guerre. Les troupes françaises se préparaient à faire un grand mouvement dans l'intérieur et vers la capitale du royaume. Le grand-duc de Berg était parti de Paris pour en prendre le commandement, en attendant que l'Empereur en personne se mît à la tête de ses armées. Il n'y a donc plus de composition à espérer avec un conquérant avide qui veut tout ce qu'il peut, et dont le pouvoir n'a pas encore connu de bornes. Après quinze ans d'une servitude déguisée sous le nom d'*alliance*, pour prix des flottes livrées, des trésors prodigués, du sang des sujets versé dans une querelle étrangère, le trône et l'indépendance nationale vont périr du même coup.

Dans ce péril de la monarchie, le favori ne songea qu'à mettre sa personne en sûreté, et à chercher dans un autre hémisphère les voluptés prêtes à lui échapper dans celui-ci. Il conseilla à Charles IV et à sa femme de se réfugier en Amérique avec toute la famille royale.

On fit les dispositions nécessaires pour exécuter ce projet. Don Francisco Solano, marquis del Socorro, eut l'ordre de s'échapper du Portugal avec sa division, et de venir occuper les montagnes du Guadarrama. On tira de Ségovie un équipage de trente bouches à feu de bataille, sous les ordres du maréchal-de-camp d'artillerie, don Miguel de Cevallos. Des corps d'infanterie et de cavalerie furent échelonnés sur la route de Séville. On fit venir de Madrid à Aranjuez, où était la cour, les gardes-du-corps, les escadrons légers du corps des carabiniers royaux, les bataillons des gardes wallonnes et des gardes espagnoles, et les régimens nationaux d'infanterie et de cavalerie qui composent habituellement la garnison.

Un rapprochement curieux se présente ici à l'esprit du lecteur. Quatre mois ne sont pas écoulés depuis que, par suite de machinations dans lesquelles Charles IV a été entraîné, le prince régent de Portugal, son gendre, sa propre fille et ses petits-fils ont été contraints de chercher un asile au-delà de l'Océan. Aujourd'hui son tour est venu. Arrivé au déclin de l'âge, il est réduit à passer les mers. Heureux encore si les sujets qu'il veut délaisser lui permettent d'accomplir son dessein!

Madrid et Aranjuez ne se prêtent pas, comme Lisbonne et Mafra, aux préparatifs d'une fuite. Le public attribua d'abord le rassemblement de l'artillerie et des troupes à la tardive velléité de se défendre. Le véritable projet de Godoy ne tarda pas à s'ébruiter et à répandre l'inquiétude dans la capitale; car l'exemple du Portugal était là. On savait comment les Français s'étaient prévalus de l'émigration de la maison de Bragance pour s'emparer du gouvernement, et pour imposer des contributions exorbitantes. Dans cette disposition des esprits, les habitans ne virent pas sans une vive émotion le départ de leur garnison.

Il y a huit lieues de Madrid à Aranjuez. La

population de cette dernière ville, qui est ordinairement de huit à dix mille ames, était plus que triplée par la réunion des forces militaires et de tant de personnes attachées à la cour. Le 16 mars, jour de l'arrivée des troupes, une foule de paysans accourut des villages environnans pour savoir s'il était vrai que leur Roi voulait les abandonner. Quand ils ne purent plus en douter, ils se répandirent dans la campagne et interceptèrent les routes, afin d'arrêter le monarque à son passage, et de l'attendrir par leurs larmes. Ce mouvement si naturel, si excusable, était encouragé par la répugnance de plusieurs grands personnages à s'expatrier, et même par la discordance des opinions dans la famille royale. On savait que le prince des Asturies, son frère don Carlos, et son oncle don Antonio, s'étaient prononcés ouvertement contre le voyage. On assurait que l'ambassadeur le désapprouvait. La rumeur populaire fut assez grande pour déterminer le Roi à soumettre à son conseil la question de la transplantation de sa personne et de sa cour en Amérique. L'opinion de la majorité fut pour la négative. Il parut alors s'être ravisé. « Mes bien-aimés sujets, dit-il » dans une proclamation, votre noble agita-» tion m'assure des sentimens de vos cœurs. » C'est à votre père à vous consoler dans l'é-» tat d'angoisse qui vous opprime ; la réunion » des corps de ma garde n'a pour objet ni » de défendre ma personne, ni de m'accom-» pagner dans un voyage que la malignité » vous a fait supposer nécessaire. Entouré de » l'inébranlable loyauté de mes sujets, que » dois-je craindre ?... Espagnols, tranquilli-» sez vos esprits ; conduisez-vous comme vous » l'avez fait jusqu'à présent, avec les troupes » de l'allié de votre Roi, et vous verrez dans » peu de jours la paix de vos cœurs ré-» tablie[1]. »

[1] Extrait de la proclamation du Roi, donnée à Aranjuez le 16 mars 1808.

8*

Ce langage paternel ne rassura personne. Les mules et les voitures, mises en réquisition pour les transports de la cour, ne furent pas renvoyées. On ne contremanda pas les relais préparés sur la route de Séville. Le 17 au matin, le peuple s'aperçut qu'on continuait à charger les malles dans les appartemens du château. Quelques-uns dirent que, pendant la nuit, des chariots remplis d'argent avaient pris le chemin d'Andalousie. D'autres assurèrent que dona Pepa Tudo [1], comtesse de Castillo-Fiel, maîtresse de Godoy, avait fui, chargée de diamans. On était particulièrement attentif à ce qui se passait dans la maison du prince de la Paix. On y entendit du bruit :

[1] Dona Pepa Tudo, fille d'un ancien officier, était la maîtresse du prince de la Paix; il l'aimait beaucoup; sa liaison avec elle produisit deux fils; elle ne fut interrompue ni par les bontés dont la Reine honora Godoy, ni par son mariage avec la fille de l'infant don Louis. Pepa Tudo avait obtenu depuis peu le titre de comtesse de Castillo-Fiel.

aussitôt la foule d'accourir. Des valets de l'infant don Antonio et du comte de Montijo, de leur propre mouvement, ou par une incitation étrangère, poussent les premiers les cris de *meure Godoy! vive le Roi!* Des milliers de voix le répètent. L'escadron léger des carabiniers royaux, affecté particulièrement à la garde du prince, se met en défense. On tire deux coups de fusil. Don Diego Godoy, duc d'Almodovar del Campo, frère du favori, vient au secours, à la tête de son régiment des gardes espagnoles. Les soldats, qui avaient été travaillés par l'opinion des habitans de Madrid, refusent de faire feu contre les mutins; ils insultent et frappent leur colonel; alors le peuple enfonce les portes, brise les meubles, dévaste les appartemens. La princesse de la Paix accourt sur l'escalier; on la conduit au château avec les égards dus à ses vertus et à sa naissance : le prince a disparu.

Afin de contenter la multitude, le Roi retira au prince de la Paix les charges de généralissime et de grand-amiral, déclarant être dans l'intention de commander lui-même ses armées de terre et de mer [1]. Le 18, on n'eut pas plutôt appris à Madrid ce qui s'était passé la veille à Aranjuez, que les mêmes cris de *meure Godoy!* se firent entendre. Il n'y avait alors de garnison dans la capitale que les deux régimens suisses de Reding jeune et de Prœux. La foule se porta à la maison du prince de la Paix et à celle qu'habitaient sa mère, son frère, ses sœurs, et les personnes qu'on connaissait pour lui être le plus dévouées. Les vitres furent cassées, les meubles furent jetés par les fenêtres; on en fit des feux de joie dans la rue. On pilla les maisons de don Miguel-Cayetano Soler, ministre des finances, et de don Manuel-Sixto Espinosa, directeur de la consolidation. Les hommes de finance sont exposés à mal dans les tumultes populaires. On se jeta aussi sur les boutiques de co-

[1] Voyez à la fin du volume (M).

mestibles. Le capitaine-général de la province n'osa pas faire marcher les Suisses, dans la crainte que leur présence, au lieu d'arrêter les désordres, n'en provoquât de plus grands. En effet, les nations braves et pleines du sentiment de leur dignité voient avec horreur les troupes mercenaires qui, n'ayant pas d'intérêt dans la chose publique, sont toujours du parti qui paie et qui opprime. Le trouble se prolongea pendant quarante-huit heures; il avait pris naissance à la nouvelle des premières scènes d'Aranjuez. D'autres événemens, qui venaient de se passer dans la résidence royale, le firent cesser.

Le prince de la Paix qu'on croyait en fuite du côté de l'Andalousie, fut découvert, le 19, dans un grenier de sa maison, caché derrière un rouleau de nattes. Il avait passé trente-huit heures sans boire et sans manger. Les premiers qui le virent l'accablèrent de coups; d'autres survinrent qui lui jetèrent des pierres. Les gardes-du-corps eurent peine à l'arracher à la fureur des hommes avides de son sang. Ils le conduisirent dans leur caserne. Le peuple ne s'apaisa qu'après que le prince des Asturies eut promis que Godoy serait livré à la justice.

L'Émeute d'Aranjuez n'était pas dirigée ostensiblement contre le couple royal. Chaque fois que le monarque se montra au balcon de son palais, il fut salué des vivats accoutumés. Atteint de bonne heure par les infirmités de la vieillesse, la royauté commençait à lui être à charge. Dans son temps le plus florissant, il n'avait aimé du pouvoir suprême que le droit d'en déléguer l'exercice à un autre. Aujourd'hui ses cheveux blancs étaient flétris. Son premier ministre, son ami, qu'il avait élevé et adopté dans sa famille, avait été dans sa propre résidence, et presque dans ses bras, traîné sanglant en prison. Charles IV abdiqua la couronne [1] moins de deux jours

[1] Voyez à la fin du volume (N).

après avoir fait connaître à ses peuples qu'il était enfin décidé à régner par lui-même.

La chute du prince de la Paix causa dans le royaume une ivresse difficile à peindre. Plusieurs villes chantèrent des *Te Deum* et firent des réjouissances publiques. A Salamanque, les professeurs et les écoliers de l'Université dansèrent sur la grande place autour d'un feu de joie. Les bustes du favori furent pendus à des gibets et ses portraits jetés à la voirie. On ne pardonna même pas aux établissemens utiles qu'il avait créés. Les habitans de San-Lucar de Barameda, ville située à l'embouchure du Guadalquivir, détruisirent un jardin où l'on acclimatait, sous son patronage, les végétaux les plus précieux de toutes les parties du monde. Des bateaux d'une invention particulière, qu'il avait fait construire pour sauver la vie à ceux qui se noyaient, furent mis en pièces. Toutes les absurdes calomnies que des imaginations délirantes peuvent inventer, furent répandues sur le compte du malheureux Godoy, et adoptées de confiance. Outre vingt-cinq millions d'or monnayé qu'on disait avoir été trouvés dans ses coffres, il était certain qu'il avait plus de cinq cent millions de francs placés dans les différentes banques de l'Europe [1]. C'est la raison pour laquelle le numéraire avait disparu dans le pays. Godoy était l'agent des Anglais; il correspondait avec leur commandant à Gibraltar; il voulait leur livrer Ceuta. Fallait-il s'étonner si l'empereur des Français avait fait entrer des armées en Espagne.

Le prince des Asturies se fit proclamer roi le jour de l'abdication de son père. Le conseil de Castille ayant en sa qualité de conser-

[1] Les palais du prince de la Paix étaient meublés et ornés avec une somptuosité inconnue avant lui en Espagne; mais il n'avait pas de fonds placés dans les banques étrangères, et on trouva dans ses coffres à peine l'argent nécessaire pour la dépense courante d'une maison aussi considérable que la sienne.

vateur des lois de la monarchie, renvoyé l'acte de Charles IV, à l'examen d'une commission de trois fiscaux, on lui intima l'ordre de le publier à l'instant et sans attendre le rapport de la commission. Les observateurs impartiaux des scènes d'Aranjuez ont vu là une sédition excitée et payée par la haute aristocratie contre l'autorité du monarque. On a même reproché à l'héritier présomptif de la couronne de s'être mis à la tête de la conjuration. Quelle que soit la part qu'il y prit, la postérité ne l'absoudra jamais d'avoir mis trop de hâte à s'asseoir sur un trône que la peur seule avait rendu vacant. La confiscation des biens de don Manuel Godoy, l'abolition de ses honneurs, et l'ordre de lui faire le procès furent les premiers actes du gouvernement de Ferdinand VII. Il rappela auprès de lui et combla de faveurs ceux qui avaient été exilés, l'année précédente, pour la conspiration de l'Escurial [1].

[1] Le duc de l'Infantado obtint le régiment des gardes

La conduite politique que devait tenir le nouveau Roi ne fut pas mise en question dans ses conseils. Personnellement, il espérait protection des troupes françaises. Ses plus sages conseillers ne partageaient pas entièrement sa sécurité, et pour eux, la diplomatie de

espagnoles, et le duc de San-Carlos l'office de grand-majordome. Don Juan Escoiquitz eut la place d'inquisiteur-général, un évêché ou le ministère de grâce et justice. Il ne voulut prendre que l'emploi de conseiller d'État. Ferdinand VII conserva quelques-uns des ministres de son père, même don Pedro Cevallos, quoique celui-ci, par un sentiment de pudeur, lui eût demandé la démission de ses emplois, comme étant la créature et le parent par alliance du prince de la Paix. Don Miguel-Jose de Asanza remplaça aux finances don Miguel-Cayetano Soler, contre lequel la haine du peuple avait éclaté. Peu de jours après, le lieutenant-général don Gonzalo O' Farril, directeur-général de l'artillerie, fut nommé ministre de la guerre en place de don Antonio Olaguer Felice, vieillard d'une nullité absolue, connu seulement par le haut intérêt qu'il mettait à l'étiquette. Le ministère de grâce et de justice fut donné à don Sebastiano Pinuela, après avoir été retiré au marquis Caballero, qui était devenu suspect, en même temps et pour les mêmes faits, à la vieille et à la nouvelle cour, ainsi qu'il arrive souvent dans les temps de révolution.

l'Empereur était au moins ténébreuse; cependant, en considérant l'inexpérience et la médiocrité de leur jeune maître, ils pensaient que Napoléon n'avait rien de mieux à faire que de le laisser sur le trône d'Espagne, parce qu'aucun autre roi ne pouvait être autant que celui-là à sa dévotion.

Charles IV en descendant du trône, et Ferdinand VII en y montant, donnèrent à l'Empereur l'assurance que les changemens survenus ne feraient que resserrer de plus en plus l'alliance intime qui unissait depuis long-temps les deux États. Le dernier renouvela solennellement, comme souverain, la demande qu'il avait faite, étant prince héréditaire, d'une princesse du sang impérial pour épouse.

Les troupes rassemblées à Aranjuez et sur la route de Séville furent renvoyées dans leurs cantonnemens ordinaires. On mit dans Madrid une faible garnison. La division Solano, qu'on croyait près d'arriver à Talavera de la Reyna, reçut l'ordre de retourner à Badajoz, pour y être à la disposition du général Junot. La même mesure fut prise pour le corps de Galice et pour la division Caraffa qu'on avait aussi rappelée du Portugal. L'Empereur étant attendu en Espagne, trois grands de première classe, le duc de Frias, le duc de Medina-Cœli et le comte de Fernan Nuñez, duc de Montellano, partirent pour le complimenter et lui notifier de vive voix l'avénement de Ferdinand au trône. En même temps le duc del Parque alla au-devant du grand-duc de Berg.

L'ARMÉE française marchait vers Madrid sur deux colonnes. Le grand-duc était parti le 15 mars de Burgos. Il prit, avec le corps du maréchal Moncey, la garde impériale et le grand parc d'artillerie, la route de Somosierra. Le général Dupont, avec la cavalerie et la première division d'infanterie de son corps d'armée, se dirigea par la route du Guadarrama. La deuxième division d'infanterie prit le chemin de Ségovie. La troisième resta à Valladolid pour observer les troupes espagnoles qui occupaient la Galice. Le corps des Pyrénées-Occidentales aux ordres du maréchal Bessières remplaça dans ses cantonnemens le corps d'observation des côtes de l'Océan.

Les troupes conduisaient avec elles pour quinze jours de vivres, et portaient cinquante cartouches par homme. Elles marchèrent par brigade, bivouaquant chaque nuit et observant les précautions d'usage à la guerre. Il était essentiel d'être maître des passages de la chaîne de montagnes, qui sépare la Vieille de la Nouvelle-Castille, avant que la division Solano ou d'autres troupes qu'on aurait envoyées de Madrid les eussent occupés. Les officiers-généraux, commandant les colonnes, avaient l'ordre d'arrêter le mouvement des troupes espagnoles qu'on rencontrerait et d'empêcher la circulation des courriers. Ils devaient dire partout que l'armée allait assiéger Gibraltar [1].

Le grand-duc de Berg reçut à Buytrago la nouvelle des événemens d'Aranjuez. Il se hâta d'arriver à Madrid. Le 23, il entra dans cette capitale, au milieu d'un grand concours de monde que la curiosité avait attiré. La garde impériale ouvrait la marche. Un état-major nombreux et brillant entourait le lieutenant de l'Empereur. Venaient derrière lui une

[1] Le bruit de prochaines tentatives contre Gibraltar était répandu en Espagne depuis quelque temps. On avait fait à Cadix une commande de tentes pour des troupes françaises qui devaient, disait-on, camper dans les environs. Les baraques du camp de Saint-Roch venaient d'être réparées par les ordres de la cour de Madrid. Les communications de la ville anglaise avec l'Espagne étaient entièrement interrompues. Dans cette circonstance, le duc de Kent, un des fils de Georges III, écrivit, en sa qualité de gouverneur de Gibraltar, au roi d'Angleterre, pour obtenir la permission de se rendre à son poste : voulant, par cette démarche expresse, se laver par avance du blâme qu'il encourrait si la place dont il était gouverneur venait à être assiégée pendant qu'il serait dehors.

division d'infanterie, plusieurs compagnies d'artillerie à cheval et deux régimens de cuirassiers. On avait préparé pour le recevoir le palais de Buen-Retiro qu'habitèrent quelquefois les rois de la dynastie autrichienne. Il préféra occuper l'hôtel du prince de la Paix. Ce fut déjà un mauvais augure de voir le chef des Français établi dans la maison de l'ennemi du peuple.

Le jour qui suivit l'arrivée des étrangers éclaira une autre pompe, autant consolante pour les cœurs espagnols que celle de la veille avait dû les attrister. Ferdinand fit son entrée dans Madrid à cheval. On n'avait rien préparé pour sa réception : l'allégresse publique y suppléa. Plus de trois cent mille hommes ou femmes se jetèrent au-devant du jeune Roi, en faisant retentir l'air de leurs acclamations. Ils ne pouvaient se rassasier de le voir. Leur empressement ralentit sa marche, au point qu'il mit plusieurs heures à venir de la promenade des Délices à son palais, situé à l'autre extrémité de la ville. Jamais transports de joie ne furent plus unanimes. Ce n'est pas que ce prince eût reçu de la nature les formes séduisantes et les qualités inspiratrices qui enflamment la multitude. On eûtmême cherché en vain dans les traits de son visage la bonhomie de la figure de Charles IV. Il ressemblait davantage à sa mère : quoiqu'il fût grand et bien fait, sa tournure manquait d'élégance; ses mouvemens étaient brusques, son regard incertain, sa jeunesse sans fraîcheur. La mauvaise éducation des infans d'Espagne, l'éternelle servitude de l'étiquette, et, plus que cela, l'isolement presque absolu dans lequel les soupçons du prince de la Paix tenaient Ferdinand, avaient prolongé son enfance, et retardé le développement de ses facultés intellectuelles. Il parlait peu, et on ne pénétrait pas si c'était par timidité ou par dissimulation. On ne connaissait de lui ni vices ni vertus; mais on savait ce qu'il avait eu à souffrir et à craindre, et on attendait de l'ennemi de Godoy le redressement des torts du dernier règne. L'étranger était au cœur du royaume; pour négocier ou pour combattre, il fallait un chef, on en avait trouvé le simulacre. La nation, long-temps affligée par un despotisme subalterne, espérait se relever et se rallier à l'ombre du panache royal. Les rois sont assurés d'être adorés de leurs sujets, quand leurs passions et leurs intérêts les mettent à la tête des intérêts et des passions du plus grand nombre.

Murat fut le témoin des sentimens d'amour des habitans de Madrid envers leur souverain nouveau. L'effervescence populaire est toujours menaçante pour les troupes réglées : et l'enthousiasme des nationaux avertit les Français de se mettre sur leurs gardes. Un gros corps d'infanterie, avec une artillerie nombreuse, vint s'établir sur les hauteurs de la Casa del Campo, en face et à portée de fusil du palais du Roi. Le grand-duc appela à Madrid, les unes après les autres, les divisions qui avaient passé les montagnes. Il en fit la revue sur la belle promenade du Prado, moins pour les voir que pour les montrer. Le général Grouchy eut le commandement militaire de la capitale. Les troupes espagnoles concoururent avec les troupes françaises au maintien d'une bonne police.

On était impatient de savoir quelle espèce de relations s'établirait entre les Français et la nouvelle cour. Le grand-duc de Berg et l'ambassadeur ne visitèrent pas Ferdinand VII. La réserve de leur conduite fut conforme aux usages diplomatiques. Ils ne devaient pas le saluer comme roi, avant d'avoir reçu les instructions de l'Empereur.

Arrêtons-nous ici, et cherchons à démêler quels furent les projets de Napoléon, à mesure que des rapports nouveaux naissaient de la succession des événemens; car dans cette tête prodigieusement féconde, le plan de s'approprier les Espagnes ne fut pas le produit d'un seul jet.

L'entrevue de Tilsit ayant garanti, sinon l'assentiment, au moins l'indifférence du puissant Empereur du Nord aux changemens qui allaient s'opérer dans le Midi, Junot entra en Portugal. Voilà le premier pas pour affaiblir la Péninsule ou lui ravir son indépendance. Les passions des hommes feront le reste.

La lettre secrète de Ferdinand à Napoléon fut un trait de lumière pour ce dernier. Jusque-là son esprit ne s'était pas arrêté sur le profit qu'il pouvait tirer des dissensions intestines de la famille royale d'Espagne. Devenu, par la force des choses, médiateur entre le père et le fils, il eut le dessein de faire renoncer Charles IV à une couronne trop lourde à sa vieillesse et à ses infirmités. L'éloignement du prince de la Paix serait offert en satisfaction au peuple qui le prenait en horreur. On donnerait à l'Espagne des institutions propres à enlever la rouille qui couvre ce pays. Ferdinand régnerait, influencé par la femme qu'on lui aurait fait épouser, tenu en respect par un roi de Portugal de la dynastie impériale, muselé par un traité de vasselage, et on lui ferait payer son avénement prématuré au trône, au prix de l'abandon des provinces où sont les principales forteresses du royaume. Par-là, l'empire français retrouverait la limite de l'Èbre qu'il eut un moment, du temps de Charlemagne. Ainsi pensait l'Empereur, quand il proposa à Lucien Bonaparte la couronne de Portugal pour lui, et la main de Ferdinand pour sa fille.

Mais les États, en approchant de leur chute, se précipitent avec une vitesse qui dépasse les calculs de la raison. Le favori, effrayé du sort qu'on lui préparait, et entraîné peut-être par des insinuations perfidement officieuses, détermina le Roi à émigrer en Amérique avec toute sa famille. Peu importait à Napoléon ce qui arriverait au Mexique ou au Pérou, dans le cas où le voyage aurait eu lieu. L'Europe fixait son attention. Là, le champ lui restait libre; le trône tombait naturellement entre ses mains comme au premier occupant. Alors, sans doute, il pensa à donner l'Espagne en apanage à un prince de sa maison. Alors, la fille de Lucien, partie de Rome pour venir à Paris où on devait la déclarer princesse, reçut à Chambéry l'ordre de ne pas continuer son voyage, et la couronne promise au père s'en alla en fumée.

La combinaison d'un Bonaparte de plus assis sur un trône évacué venait à peine d'éclore, quand éclata le tumulte d'Aranjuez. Tout fut à refaire sous de nouvelles données.

Autre chose était que Ferdinand régnât en Espagne par la concession, et sous le bon plaisir de l'Empereur, ou qu'il fût proclamé par le peuple et par les soldats. Le prince, dont la main brandissait l'étendard de la nation, n'entrait pas dans le rayon du système impérial. On ne pouvait trop se hâter de le renverser du trône, soit que le vieux Roi dût y remonter, soit qu'il fût encore possible d'y installer une autre dynastie.

Les occasions où la morale prête des armes aux passions, sont rares dans la vie des conquérans. Napoléon saisit avidement celle qui se présentait à lui. L'abdication d'Aranjuez portait les signes évidens de la précipitation et de la contrainte. Quelle que fût l'aversion de Charles IV pour les soins du gouvernement, il ne serait jamais descendu volontairement du trône sans faire ses conditions, sans fixer le lieu de sa retraite, sans régler son avenir et le sort de la Reine; il n'aurait pas abandonné son meilleur ami à la hache du bourreau. L'histoire d'Espagne présente plusieurs exemples de rois qui ont renoncé à la couronne en faveur de leurs héritiers; mais un acte d'une influence si décisive sur le sort des peuples a toujours été précédé et accompagné des formes les plus solennelles. Les cortès de Castille refusèrent autrefois de recevoir l'abdication du vieux roi Jean Ier. Dans des temps plus rapprochés, quand l'empereur Charles-Quint, las du monde, de la puissance et de la gloire, voulut finir ses jours dans la vie privée, il en donna avis à toutes les cours de l'Europe, et il mit un an d'intervalle entre cette annonce et sa retraite au monastère de Yuste. Philippe V, plus fatigué encore des obligations du trône, discuta avec les conseils de sa monarchie le projet qu'il avait formé d'en descendre. Alors le peuple était tranquille et les troupes obéissantes. Quelle différence entre ces actes augustes et l'abdication tumultueuse d'Aranjuez, arrachée par la populace soudoyée et la soldatesque mutinée ! Il appartenait à l'Empereur vainqueur des révolutions et restaurateur de la religion, de prendre sous son égide la cause des rois légitimes.

A la faveur de ces considérations d'un ordre élevé, Napoléon évoqua à son tribunal le grand procès de l'abdication de Charles IV. Personne ne songea à contester sa compétence, parce qu'il avait cent mille baïonnettes sur les lieux pour la soutenir. On l'attendait à Madrid. S'il y fût arrivé alors, ce qu'il eût vu du caractère et des dispositions de la nation espagnole aurait été pour lui un avertissement utile, et l'aurait peut-être rendu moins imprudent et moins offensif. Mais il jugea le procès sans avoir entendu les parties, et sans embrasser l'étendue de la question. Les journaux de Paris représentèrent Ferdinand comme un sujet séditieux et comme un fils coupable. On espérait, avec raison, avoir meilleur marché de Charles IV. Ce prince fut, en attendant mieux, reconnu pour seul et légitime roi d'Espagne.

Une pareille déclaration, trop brusquement émise, eût produit à Madrid un effet contraire à celui que l'Empereur se proposait. Le grand-duc de Berg envoya, avant d'entrer dans la capitale, un des principaux officiers de son état-major, l'adjudant-commandant Bailly de Monthion, complimenter les vieux souverains [1] qui étaient restés à Aranjuez,

[1] Les Espagnols employaient l'expression *vieux sou-*

et qui passèrent ensuite à l'Escurial. Tous deux, et surtout la Reine, provoquèrent par vingt lettres [1], plus pressantes les unes que les autres, la bienveillance du général français envers le prince de la Paix, son ancien ami. Ne se croyant pas en sûreté au milieu de leurs gardes-du-corps, ils sollicitèrent une garde des troupes impériales; elle leur fut envoyée sur-le-champ. On avait parlé de les reléguer à Badajoz. L'intervention de Murat les préserva de cet exil. Tant de bienfaits garantissaient leur condescendance sans bornes aux désirs des Français. Toutefois le grand-duc s'abstint, à leur égard, de démarches plus positives qui l'auraient compromis avec la nouvelle cour. Car en se tenant, vis-à-vis de

verains, par opposition à la nouvelle cour, pour désigner le roi Charles et la reine son épouse, qu'ils ne séparaient jamais, à cause de l'influence qu'elle exerçait sur lui.

[1] Toutes ces lettres, où sont révélées les plus secrètes pensées du roi et de la reine d'Espagne, ont été imprimées dans *le Moniteur* du 5 février 1810.

Ferdinand VII, sur le pied de la plus stricte réserve, il laissait espérer qu'une situation si pénible à son cœur ne durerait pas longtemps [1].

Cependant l'Empereur ne répondait pas à la notification de l'avénement de Ferdinand. En proie à une agitation cruelle, le jeune

[1] La reine d'Étrurie avait arrangé une entrevue de Ferdinand avec Murat. Ce dernier était chez elle, accompagné de plusieurs de ses officiers. On annonce le roi d'Espagne. Les officiers se retirent par respect. Le grand-duc reste dans le salon, bien décidé à ne pas faire un pas en avant, d'où l'on pût arguer qu'il reconnaissait Ferdinand pour roi. Celui-ci, surpris de la réserve de Murat, s'arrête et n'ouvre pas la bouche. La reine, voulant les forcer à entrer en conversation, les laisse tête à tête, et se met à son piano qui était dans la pièce voisine. Après quelques instans de silence et d'embarras, Ferdinand se rapproche machinalement de sa sœur; Murat ne bouge. Comme ils n'étaient venus ni l'un ni l'autre pour entendre faire de la musique, tous deux s'en vont, sans avoir échangé une parole.

Le grand-duc de Berg commença à faire des visites au roi Charles IV et à la Reine après le départ de Ferdinand pour Bayonne.

prince se jetait dans les bras de la nation, dont il attendait son salut, comme elle avait mis en lui son espoir. Deux fois le jour il parcourait la ville à cheval ou en voiture, sans cortége, et chaque fois sa présence faisait éclater des transports de joie. Le gouvernement s'efforçait de conserver la bonne harmonie entre les habitans et les Français, en pourvoyant abondamment aux besoins de l'armée, et en écartant tous les motifs de dissension. Le grand-duc exprima, au nom de l'Empereur, le désir de ravoir l'épée de François Ier, qui, depuis la bataille de Pavie, gissait parmi les curiosités du magasin royal d'armes (*armeria real*) de Madrid. Il ne faut pas dépouiller les nations de leurs trophées; et Napoléon était assez riche de gloire pour couvrir de son superflu les fautes ou les malheurs de ses devanciers. Ferdinand fut trop heureux d'acquérir un droit de plus à la protection de l'Empereur et de son lieutenant. La vieille épée fut portée en cérémonie au logement du prince Murat. « Elle

» ne pouvait pas, dit le comte d'Altemira, qui
» était chargé de la présenter, être remise en
» de plus nobles mains que celles d'un gé-
» néral illustre formé à l'école du héros de
» notre siècle. »

Peu de jours après, le grand-duc de Berg conseilla à Ferdinand d'envoyer l'infant don Carlos, son frère, recevoir l'Empereur à la frontière du royaume. Ce conseil, ayant été agréé, servit d'acheminement à une proposition plus délicate. Si le jeune Roi lui-même allait à la rencontre de l'Empereur, n'était-il pas à croire qu'une marque d'attention si recherchée serait reçue avec reconnaissance, et procurerait des avantages considérables au royaume? L'ambassadeur Beauharnais, qui inspirait plus de confiance, tenait le même langage que le grand-duc. Ferdinand flottait incertain entre l'accomplissement d'un acte de courtoisie qui serait agréable à l'Empereur, et la répugnance extrême qu'il éprouvait à se séparer de son peuple loyal, quand le général de division Savary, aide-de-camp de Napoléon, arriva à Madrid.

Savary était chargé d'amener Ferdinand à Bayonne. En lui confiant cette commission, et en donnant à son lieutenant et à son ambassadeur l'ordre d'y concourir par les moyens dont ils pouvaient disposer, l'Empereur n'avait mis aucun des trois dans la confidence de projets ultérieurs, qui n'étaient peut-être encore ni complètement développés, ni invariablement arrêtés dans son esprit. Savary cachait, sous les dehors de la franchise et de l'abandon d'un soldat, un esprit retors et fertile en combinaisons. Il se présenta « comme » envoyé uniquement pour complimenter le » nouveau Roi, et pour savoir si ses sentimens » relativement à la France étaient les mêmes » que ceux du roi son père, déclarant que, » dans ce cas, Napoléon fermerait les yeux » sur tout ce qui s'était passé; qu'il n'interviendrait en aucune manière dans les affaires intérieures du royaume, et qu'il re-

» connaîtrait sur-le-champ Sa Majesté comme » roi d'Espagne et des Indes. » Bien que l'envoyé n'apportât avec lui ni réponse à la notification de l'avénement au trône ni lettres de créance, ses paroles étaient trop flatteuses pour ne pas causer la plus douce émotion. Il finit par assurer que son souverain était à peu de distance de Bayonne, et qu'il se rendait à Madrid.

En effet, l'Empereur était parti de Paris le 2 avril. Des voitures, chargées de meubles de la couronne, étaient entrées en Espagne. Ses relais et sa garde l'attendaient à toutes les stations de poste. Un maréchal-des-logis du palais impérial avait reconnu les appartemens du palais des rois d'Espagne destinés à son maître, et était entré dans des détails minutieux de bains à prendre et de service intérieur, qui ne permettaient pas d'élever un doute sur la prochaine arrivée de Napoléon. Partant de-là, le général Savary renouvela les instances qu'avaient déjà faites Murat et Beauharnais, pour engager le Roi à se porter à la rencontre de Sa Majesté impériale. Attendu la célérité avec laquelle elle voyage, les deux monarques se rencontreront infailliblement à Burgos. La chaleur et l'air de vérité de Savary firent impression sur Ferdinand. Une conversation de cinq quarts-d'heure avec l'ambassadeur de France l'ébranla encore davantage. L'opinion unanime de son conseil acheva de le décider.

Assez de motifs cependant devaient détourner des hommes d'État d'une politique si confiante. Il n'y avait pas dans l'armée française un sous-lieutenant qui n'eût deviné les sentimens de l'Empereur. La vieille cour entretenait avec Murat une correspondance active, et se livrait à l'espérance du changement. Le *Moniteur* de Paris continuait à ne voir dans Ferdinand VII que le prince des Asturies. Don Josef Martinez Hervas, beau-frère du grand-maréchal Duroc, qui avait accompagné le général Savary en Espagne, et qui, pour habiter la France, n'avait pas cessé d'avoir le cœur espagnol, dit que si le Roi quittait Madrid, il n'y reviendrait jamais. Malheur aux souverains absolus que leur incapacité ou leur faiblesse condamne à se mettre en tutelle! Des quatre personnages dont Ferdinand prenait alors les conseils, un seul, Cevallos, n'avait pas trempé dans la conjuration de l'Escurial. Les trois autres, don Carlos, l'Infantado et Escoiquitz, n'étaient pas remis de l'effroi que leur avait causé la colère du vieux Roi. Napoléon seul pouvait raffermir leurs têtes encore branlantes sur leurs épaules; ils étaient impatiens de le voir et de conquérir sa bienveillance. Leur esprit, ébloui des avantages personnels qu'ils tireraient de cette visite, n'apercevait pas les inconvéniens qui pouvaient en résulter pour le Roi et pour le royaume. Il fallait, suivant eux, abréger, à quelque prix que ce fût, la crise où l'État se trouvait. On n'avait pas à craindre que l'Empereur abusât de la faiblesse du jeune Roi pour lui enlever sa couronne; car l'Espagne, l'Europe, la France elle-même se soulèveraient, et le Nouveau-Monde serait d'emblée la proie des Anglais. La seule idée d'une si horrible perfidie était une injure à la grande ame d'un héros tel que Napoléon. « Après tout, disaient les partisans du voyage, » quel parti prendre? La soumission est for- » cée, puisque la résistance est impossible. »

Le 10 avril, Ferdinand partit de Madrid avec ses confidens intimes et les titulaires des hautes charges de sa cour. Le général Savary sollicita l'honneur de l'accompagner. Une fois hors de l'enceinte de la capitale, on put regarder le sacrifice comme à peu près consommé. Les chemins étaient couverts de troupes françaises; elles se présentaient au prince autant pour le garder que pour lui faire honneur. Dès-lors, il lui eût été difficile de retourner en arrière ou de changer de direction. Arrivé à Burgos, on n'y trouva pas Napoléon toujours annoncé et n'arrivant jamais. La même séduction et la même crédulité entraînèrent la cour d'Espagne à Vittoria. Là, Savary quitta le Roi, alla trouver l'Empereur, dont on avait appris le départ de Bordeaux pour Bayonne, et revint bientôt avec une lettre dont le ton et la forme eussent rendu la vue à d'autres qu'à des hommes qui voulaient rester aveugles. L'Empereur n'accordait pas à Ferdinand le titre de *majesté;* il lui faisait des remontrances sévères sur l'illégalité des scènes d'Aranjuez et sur le danger qu'il y a pour les rois d'accoutumer les peuples à se faire justice eux-mêmes. Il promettait peu, et la fidélité à ses promesses était subordonnée à une discussion dans laquelle il se portait pour seul arbitre [1].

A Vittoria, plus d'un effort généreux fut tenté pour arracher le Roi au sort qui l'attendait. Don Mariano Luiz de Urquijo, une des plus illustres victimes du despotisme de Godoy, accourut au passage de la cour de Bilbao

[1] Voyez à la fin du volume (O).

où il était exilé, et développa avec force et clarté les argumens irrésistibles qui devaient empêcher le Roi de se précipiter dans le piége qui lui était tendu [1]. Hervas répéta ses prophétiques avis; don Manuel Mazon Corréa, chef des douanes de la ligne de l'Èbre, vint offrir ses services et les bras de deux mille douaniers pour arracher le Roi aux Français. Don Miguel Ricardo de Alava, officier de marine, voulut le tirer de son palais, déguisé en muletier. Le duc de Mahon, alors commandant-général du Guipuzcoa, promit de couvrir et d'assurer sa fuite en Aragon, afin qu'il ne fût pas dit que le dévouement d'un petit-neveu du brave Crillon avait manqué à un descendant de Henri IV [2]. Le peuple, qui, dans les

[1] Voyez à la fin du volume (P).

[2] Le duc de Mahon est fils de Louis de Berton des Balbes de Quiers, duc de Crillon, qui passa du service de France au service d'Espagne, sous le règne de Charles III, reçut le titre de duc de Mahon, pour avoir

questions simples, juge mieux que les ministres et les grands, parce que son bon sens naturel n'est pas altéré par de lâches calculs, le peuple se porta en foule au palais du Roi, pour empêcher le départ. On voulut dételer les chevaux de son carrosse; on coupa les traits des attelages. La division française du général Verdier avait pris les armes : peu s'en fallut que Ferdinand ne réclamât son secours pour dissoudre le rassemblement. Tant d'avis, dictés par la fidélité et la volonté du peuple, exprimée avec tant d'énergie, ne purent pas vaincre la persévérance de l'engouement dans lequel le généralissime de l'Escurial et un prêtre bel esprit [1] retinrent leur Roi. Le sort en était jeté; le malheureux prince passa la Bidassoa le 20 avril.

pris, en 1782, la forteresse de ce nom, et commanda ensuite l'armée combinée au siége de Gibraltar.

[1] On n'a pas oublié que le prince des Asturies était dirigé presque exclusivement par les conseils du chanoine Escoiquitz quand il investit le duc de l'Infantado des pouvoirs de généralissime.

L'infant don Carlos son frère était entré en France quelques jours avant lui.

La terre de France avait, en 1793, dévoré les Bourbons; mais les jours de 1793 étaient loin. Les Bourbons d'Espagne n'avaient rien de français à leurs propres yeux, et encore moins aux yeux de la France; ils avaient oublié leur origine. Les petits-fils de Louis XIV ne savaient même plus parler la langue de Bossuet et de Racine. En les laissant sur le trône de Madrid, l'Empereur achevait de les éteindre, et il continuait à trouver en eux des instrumens plus dociles et des vassaux plus fidèles que ne l'eût été un roi de sa propre maison. La puérile gloriole de substituer partout sa dynastie à la dynastie des Bourbons, a fait affronter à Napoléon, devant ses contemporains et devant l'histoire, la responsabilité d'un immense coup d'État tel qu'il faut remonter jusqu'à Charles-le-Téméraire et Louis XI pour trouver dans les temps passés quelque chose qui y ressemble. Aussitôt après son arrivée à Bayonne, Ferdinand fut sommé de remettre la couronne d'Espagne et des Indes en échange du petit royaume d'Étrurie que l'Empereur lui fit offrir. Le jeune Roi repoussa d'abord cette proposition déshonorante; mais sa résistance avait été prévue, et déjà on avait avisé aux moyens de la faire cesser ou de la rendre inefficace.

Les ministres espagnols formaient à Madrid, sous la présidence de l'infant don Antonio, frère de Charles IV, une Junte suprême de gouvernement. Avant le départ du monarque, le grand-duc, l'ambassadeur et le général Savary avaient témoigné à plusieurs reprises que la mise en liberté du prince de la Paix serait agréable à l'Empereur. Il n'avait pas échappé à Napoléon combien il augmenterait sa popularité parmi les Espagnols, en abandonnant Godoy à la fureur du peuple; mais l'idée de recueillir le prix du sang lui aurait fait horreur: le favori de Charles IV et de Marie-Louise était encore nécessaire à ses combinaisons politiques.

D'ailleurs, le prince Murat et le prince de la Paix étaient unis depuis long-temps par les liens d'une étroite amitié. Ce dernier, au jour de sa splendeur, portait souvent un ceinturon que la grande-duchesse de Berg avait brodé de ses mains. Dans sa prison, on l'entendait sans cesse invoquer le nom de Murat. Murat ne manqua pas à l'amitié : le jour même du départ de Ferdinand pour Bayonne, il exigea impérieusement ce qu'il demandait la veille avec modération. La Junte en référa au souverain. Le grand-duc insista ; il menaça de faire passer au fil de l'épée cent gardes-du-corps et cinq cents grenadiers provinciaux qui gardaient Godoy dans la vieille maison royale de Villa-Viciosa, à quatre lieues de Madrid. Le prisonnier fut alors livré aux Français qui lui firent passer les Pyrénées.

Dans le même temps, le vieux Roi protesta contre l'abdication d'Aranjuez, comme ayant été le produit de la contrainte [1]. Après cette rétractation éclatante, sa présence en Espagne fut jugée inutile, et lui-même n'eût plus voulu y rester après que le prince de la Paix était délivré et parti pour la France. Le grand-duc envoya Charles IV et la reine Marie-Louise à Bayonne, où ils arrivèrent le 30 avril, dix jours après leur fils, et quatre après leur favori. L'apparition de trois nouveaux personnages sur cette scène agitée, fit prendre à la négociation une autre marche. L'Empereur ne voulut plus traiter de la couronne avec le prince qui se montrait récalcitrant à en faire l'abandon. Godoy, encore meurtri des coups reçus à Aranjuez, et comptant l'Espagne pour rien, puisqu'il ne pouvait plus y régner, vint reprendre en sous-œuvre une trame abominable, et justifier par le dernier acte de sa vie politique les sentimens d'exécration que lui avaient voués ses compatriotes. Par ses con-

[1] Voyez à la fin du volume (Q).

seils, et sous l'influence des passions haineuses de la Reine, Charles IV se fit l'instrument de la politique de l'ennemi de sa maison. Il se chargea de réduire un fils rebelle et usurpateur, et il s'acquitta de cette malheureuse commission avec une insensibilité et un emportement qui firent frémir Napoléon lui-même [1].

[1] L'auteur des *Mémoires historiques sur la Révolution d'Espagne* a décrit à sa manière, toujours pittoresque et attachante, l'impression qu'éprouva Napoléon.

« En revenant du palais du roi Charles, il (l'Empereur) traversa avec agitation les appartemens du château de Marac, se rendit dans le jardin, et, après avoir fait trois ou quatre tours avec beaucoup d'action, il appela toutes les personnes qui se trouvaient présentes, et, comme un homme plein d'un sentiment qui l'oppressait, il se mit à raconter dans ce style animé, pittoresque, plein d'images, de verve et d'originalité qui lui était familier, tout ce dont il venait d'être témoin; il frissonnait; ses tableaux nous avaient transportés au milieu des acteurs de cette horrible scène; il peignait le roi Charles se plaignant à son fils de ses conspirations, de la perte de la monarchie que lui-même avait conservée entière au milieu des désordres de l'Europe, des outrages faits à ses cheveux blancs. « C'était, dit-il, le roi Priam. » Ce furent ses expressions, lorsque s'arrêtant tout-à-coup il

Le départ de Ferdinand avait jeté l'alarme en Espagne. Quoique les troupes observassent généralement une bonne discipline, elles étaient désagréables aux habitans, parce qu'elles vivaient aux dépens du pays, et qu'elles avaient les prétentions que donne l'habitude de la victoire. Il ne se passait pas de jour que la fierté castillanne ne s'irritât des excès de la pétulance française. Des soldats furent tués à Burgos, à Barcelone, et dans plusieurs autres endroits. L'inquiétude des Espagnols ne tarda pas à faire place à leur ancienne animosité contre leurs voisins. Les troupes des deux nations ne se mêlèrent pas. Dans les provinces qui n'étaient point encore envahies, les gouverneurs com-

ajouta après un moment de silence : « La scène devenait » fort belle, quand la Reine est venue l'interrompre en » éclatant en invectives et en menaces contre son fils, et » après lui avoir reproché de les avoir détrônés, elle m'a » demandé de le faire monter sur l'échafaud. Quelle » femme ! quelle mère ! s'écria-t-il ; elle m'a fait hor- » reur, elle m'a intéressé pour lui. »

mencèrent spontanément à se mettre sur leurs gardes et à rassembler des armes.

Les Français aussi se fortifiaient et organisaient l'occupation du territoire. La division Vedel vint à l'Escurial, et fut relevée à Ségovie par la troisième division du 2e corps d'observation de la Gironde, dont le général Frère avait pris le commandement après la mort de Malher. Le général en chef Dupont était à Aranjuez avec la première division d'infanterie et la cavalerie. On lui donna l'ordre de transporter son quartier-général à Tolède. L'adjudant-commandant Martial Thomas fut envoyé, avec quelques officiers d'état-major et des employés du service administratif, pour préparer l'établissement. Il disait publiquement que l'Empereur ne reconnaissait pas Ferdinand pour roi d'Espagne, et que Charles IV remonterait sur le trône. Ses discours, répétés et commentés par la malveillance, amenèrent une émeute. Le peuple de la ville et les habitans de la campagne accoururent en foule sur la grande place dite *Zocodover*, en criant : *Vive Ferdinand VII!* Ils parcoururent les rues, armés de fusils, de piques, de sabres et de bâtons, et promenant une bannière à laquelle était attaché le portrait du jeune Roi. Malheur à qui aurait refusé de fléchir le genou devant l'image révérée! L'attroupement se porta à la maison du corrégidor don Josef Joachim de Santa-Maria : ce magistrat parvint à s'échapper furtivement. On brûla ses meubles et ses voitures; on en fit autant avec les effets de don Pedro Segundo et de don Luis del Castillo, deux riches propriétaires qui, pas plus que le corrégidor, n'avaient d'autre titre à la haine publique que de passer pour attachés au gouvernement de Charles IV. Le désordre se prolongea trente-six heures, sans qu'il y eût une goutte de sang répandue.

Cette émeute avait lieu le 21 avril. Le 26, Dupont marcha sur Tolède avec les troupes d'Aranjuez. Il s'approcha en ordre d'attaque et prêt à combattre. Tolède est la ville lévitique de la Péninsule, le siége du primat des Espagnes. Les religieux et le chapître eurent le temps de calmer l'irritation populaire. La princesse de la Paix et le cardinal-archevêque son frère sortirent en voiture au-devant des Français. La deuxième division du corps d'armée du général Dupont vint à Aranjuez, et fut remplacée par la troisième à l'Escurial. La brigade de cavalerie du général Auguste Caulaincourt entra dans la Nouvelle-Castille en même temps que des renforts pour les corps d'infanterie qui occupaient cette province.

On n'accumulait pas sans dessein les troupes autour de Madrid. Cette capitale était sur un volcan. Les habitans avaient appris avec douleur que leur Roi avait dépassé la frontière. La mise en liberté du prince de la Paix faillit produire un soulèvement. On annonça dans la gazette que c'était par l'ordre exprès de Ferdinand que Godoy serait jugé et puni en France. La protestation de Charles IV contre l'abdication d'Aranjuez augmenta encore le mécontentement. Il fut à son comble quand on eut vent de la contrainte exercée à Bayonne sur le monarque, et des indignes propositions qui lui étaient faites. Il fallait voir avec quelle anxiété le courrier de France était attendu, et quelle foule se pressait chaque jour devant la maison de la poste (*casa de correos*). Les efforts des généraux français et de leur police secrète pour distraire et tromper la curiosité publique étaient impuissans. Pour suppléer au silence et contrebalancer les mensonges des journaux imprimés, les nouvelles manuscrites couraient de main en main. *La Puerta del Sol*, ce carrefour fréquenté, dans les temps ordinaires, seulement par les oisifs, ne désemplissait pas. Les Espagnols ne s'enquéraient plus de la fête de saint Jérôme ou de la neuvaine de la Vierge; ils épanchaient dans le sein l'un de l'autre la rage qui les suffoquait.

Le grand-duc de Berg croyait ramener les esprits et guérir l'opinion en se montrant chaque jour aux habitans de Madrid. Plus d'une fois s'échappèrent des amples manteaux où leurs visages sont plongés des murmures et même des sifflets adressés à ses fastueuses cavalcades. Ce n'était pas seulement le chef des Français qui était odieux; les Espagnols exécraient en Murat l'ami, le protecteur, le sauveur de Godoy.

La Junte suprême de gouvernement avait aussi sa part des tribulations et des angoisses. Elle appela à ses conférences les présidens des grands corps de la monarchie, moins pour rendre la responsabilité plus légère en la faisant peser sur un plus grand nombre de têtes, que pour s'environner de lumières et de secours. Souvent, dans les conseils, l'amour de la patrie suggéra des plans de délivrance. On proposa de quitter la capitale pour se réunir en lieu de sûreté, de détruire les armes, les vivres, les moyens de transport, de disperser les troupes espagnoles qui se trouvaient dans les provinces envahies, de les rassembler ensuite sur des points éloignés, avec quarante mille hommes qu'on appellerait du Portugal, du camp de Saint-Roch, des îles et des présides, et de commencer la guerre. Mais pour une pareille levée de boucliers, il fallait employer le nom du souverain, et Ferdinand recommandait toujours d'être prudent et de se maintenir en bonne intelligence avec l'armée de l'Empereur. Que pouvaient faire les Espagnols dans Madrid, cernés, enlacés par cinquante mille Français, et n'ayant à leur opposer qu'une garnison de trois mille hommes et une population d'autant moins propre au métier des armes, qu'elle n'avait jamais été organisée en corps de milice ?

Le gouvernement usa de plus de circonspection, à mesure que la fermentation allait croissant. On consigna les troupes espagnoles dans leurs casernes. Malgré la sévérité des mesures de police, il s'élevait tous les jours, entre les habitans et les Français, des rixes qui se terminaient par du sang répandu. Les soldats s'accoutumèrent à regarder comme ennemis les partisans de Ferdinand VII. Quelques officiers supérieurs en vinrent à désirer un choc afin de donner une leçon à la multitude, assurés qu'ils étaient du succès, à cause de la supériorité que des troupes habituées au danger ont sur les foules qui combattent sans organisation et sans chefs. Dès-long-temps une insurrection avait été prévue. Toute l'artillerie française était enfermée dans le Retiro. Il n'y avait dans Madrid que la garde impériale à pied et à cheval, la division d'infanterie commandée par le général Musnier, et une brigade de cavalerie. Mais les autres divisions du corps d'observation des côtes de l'Océan, cantonnées au couvent de San-Bernardino, à Chamartin, à Foncarral et au Prado, devaient accourir à la première alerte.

Les poudres sont à découvert : la moindre étincelle va les embraser. Le grand-duc présenta à l'infant don Antonio une lettre de Charles IV, qui lui enjoignait d'envoyer à

Bayonne la reine d'Étrurie et l'infant don Francisco de Paula. La Reine consentit à partir. La Junte de gouvernement répondit pour l'infant, qui n'avait que treize ans, qu'il ne pouvait pas se mettre en route sans l'autorisation du roi Ferdinand. Le grand-duc signifia à la Junte qu'il prenait tout à sa charge, et qu'il saurait vaincre l'opposition qu'on essaierait de mettre à sa volonté.

Le 2 mai était le jour fixé pour le départ de la reine d'Étrurie, de ses enfans et de son frère, don Francisco de Paula. Les deux derniers courriers de Bayonne avaient manqué, et l'inquiétude en était devenue plus grande. Dès le matin, la place devant le palais fut couverte de peuple, et surtout de femmes qui considéraient tristement les apprêts du voyage. A neuf heures, la Reine partit, emmenant son fils et sa fille. Restaient encore deux voitures qu'on chargeait avec précipitation. Quelqu'un dit que l'une d'elles est pour l'infant don An-

Le 2 mai était le jour fixé pour le départ de la Reine d'Etrurie, de ses deux enfants et de l'Infant D. Francisco de Paula. Le dernier courrier de Bayonne avait augmenté l'inquiétude [illegible] plus grande. Dès le matin la place devant le palais fut couverte de peuple et surtout de femmes, qui considéraient tristement les apprêts du voyage avec [illegible]. Quelqu'un dit que l'une d'elles est pour l'infant D. Antonio. Ainsi ils s'en vont tous. Dans une heure la capitale sera veuve de la famille antique de ses rois. Des personnes attachées au service de la cour rapportent que D. Francisco ne veut pas partir et qu'il verse des larmes en abondance. A ce récit les femmes pleurent, les hommes se désespèrent.

A neuf heures du matin, la Reine partit avec ses enfants, fils et fille. Restaient encore deux voitures qu'on chargeait.

Alors sort du palais un officier Français, auquel sa pelisse blanche et son pantalon cramoisi font reconnaître un aide de camp de Murat. « Le voilà. Il est venu pour enlever notre infant ». Ces paroles circulent rapidement. L'officier Français est [illegible], insulté, pressé. Il se défend quelque temps. Il allait périr, lorsqu'une patrouille de la garde impériale vient à passer, des grenadiers [illegible] la baïonnette et le délivrent.

Le grand Duc était logé dans l'hôtel du prince de la paix à cent toises derrière le palais. Son bataillon de piquet (*) accourt avec deux pièces de canon pour dissoudre le rassemblement. Mais déjà un mouvement électrique s'était communiqué d'un bout à l'autre de la ville. La place [illegible] et la rue d'Alcala se remplissent en un instant. On n'entend [illegible]

(*) On appelle troupes de piquet celles réunies en armes et prêtes à agir quand [illegible] besoin de leur service.

Le 2 mai était le jour [illegible]

8 [illegible] dès le matin la place [illegible]

peuple et [illegible] de [illegible] manque [illegible]

[illegible] appar[illegible] [illegible] la

avec [illegible] qui [illegible] sa fille

[illegible] pour [illegible] d'[illegible]

Dans une heure la [illegible]

de ses rois.. des [illegible] françai[s]

rapportent que [illegible]

des larmes en abondance

les hommes se désespèrent

Alors sort du palais u[n]

sa pelisse blanche et son

-tre un aide de camp d[e]

11 pour enlever notre infan[t]

l'officier français est [illegible]

quelque temps.. il allait

la garde impériale [illegible]

[illegible] la bayonnette [illegible] celles

Le grand Duc était à agir

la paix à [illegible] toises [illegible] de

de piquets accourt avec

-voudra le rassemblement. [illegible]

-tique s'était commun[illegible] [illegible]

[illegible] les places publiques

se remplissent en un [illegible]

Tome III. Pages 164 165 et 166.

[illegible] rue du Pont St. André, N°1, à Paris.

tonio. Ainsi ils s'en vont tous. Dans une heure, la capitale sera veuve de la famille entière de ses rois. Des personnes attachées au service de la cour rapportent que don Francisco ne veut pas partir, et qu'il verse des larmes en abondance. A ce récit, les femmes pleurent, les hommes se désespèrent.

Alors sort du palais un officier français, Auguste Lagrange. Sa pelisse blanche et son pantalon cramoisi font reconnaître un aide-de-camp de Murat. « Le voilà, il est venu pour » enlever notre infant. » Ces paroles circulent rapidement. L'officier français est entouré, insulté, pressé. Il se défend quelque temps. Il allait périr, lorsqu'une patrouille de la garde impériale venant à passer, dix grenadiers croisent la baïonnette et le délivrent.

Le grand-duc était logé dans l'hôtel du prince de la Paix, à cent toises derrière le palais. Son bataillon de piquet [1] accourt avec

[1] On appelle *troupes de piquet* celles réunies en armes et prêtes à agir quand et où on a besoin de leurs services.

deux pièces de canon pour dissoudre le rassemblement. Mais déjà un mouvement électrique s'était communiqué d'un bout à l'autre de la ville. La Plaza-Mayor et la rue d'Alcala se remplissent en un instant. On n'entend que vociférations mêlées au roulement du tambour et au son de la trompette qui appellent les troupes à leurs places d'armes. Les Espagnols sont persuadés que les Français ont juré leur ruine; pas un Français ne doute qu'il n'y ait un vaste complot ourdi pour égorger l'armée. Les habitans se saisissent de fusils de chasse, de vieilles épées, et, au défaut d'armes, ils prennent des bâtons. Les soldats surpris isolément dans les maisons et dans la rue sont assassinés ou désarmés. Des officiers d'état-major et des cavaliers porteurs d'ordre sont renversés de cheval. On jette des pierres et on tire des coups de fusil par les fenêtres. Quelques femmes furieuses versent de l'eau bouillante de dessus les balcons. Cinquante combats singuliers s'engagent à la fois. Les Espagnols sont particulièrement inexorables envers quelques mameloucks de la garde qui tombent entre leurs mains, heureux de frapper du même coup un Français et un Musulman [1] !

Les troupes ont pris les armes, la scène va changer. Les officiers-généraux commandent des détachemens d'infanterie pour enfoncer les portes des maisons d'où partent les coups de fusil et pour tirer vengeance des agresseurs. Trois ou quatre coups de canon à mitraille balayent cette belle rue d'Alcala, qui par sa largeur et son alignement offre tant de prise au feu de l'artillerie. Le chef d'escadron Daumesnil, à la tête de la cavalerie de la garde impériale, charge sur la multitude. Les lanciers polonais jettent alors dans l'ame des Espagnols les premières impressions d'une terreur qui deviendra plus grande à mesure qu'on les connaîtra davantage.

[1] Il est resté aux habitans de la Péninsule, depuis l'invasion des Maures, une horreur profonde pour l'habit des Musulmans.

La garnison espagnole resta enfermée dans ses quartiers, attendant qu'on lui donnât des ordres pour agir. Il y avait au parc d'artillerie situé près de la porte de Foncarral, dix mille fusils encaissés et vingt-six pièces de canon montées sur affûts. Le peuple voulut s'en emparer. Les canonniers qui gardaient le parc s'y opposèrent d'abord, mais entendant dire que leurs camarades de l'infanterie étaient attaqués dans les casernes, et voyant arriver à eux une colonne française qui marchait au pas de charge, ils se joignirent aux insurgés. Commandés par deux braves officiers de leur corps, don Luis Daoiz et don Pedro Velarde, et aidés par leurs compatriotes qui s'attelèrent eux-mêmes aux canons, ils mirent trois pièces en batterie, et commencèrent à tirer à mitraille. La colonne française était formée du cinquième régiment d'infanterie provisoire, venu du couvent de San-Bernardino, tout près de-là. Le général de brigade Lefranc qui la commandait, ne donna aux Espagnols que le temps nécessaire pour faire douze ou treize décharges de leurs bouches à feu. Il enleva le parc à la baïonnette et reprit les fusils dont les insurgés commençaient à briser les caisses. Ce fut là l'épisode le plus sanglant de la journée du 2 mai. Là périrent Daoiz et Velarde. L'histoire conservera leurs noms, comme des premiers martyrs pour la cause de l'indépendance de leur pays.

Aux premiers coups de fusil, le grand-duc de Berg, le maréchal Moncey et les officiers-généraux qui ne commandaient pas de troupes, s'étaient portés en haut de la côte de Saint-Vincent, dans une position qui domine la partie ouest de la ville. On avait réuni sur ce point le régiment de fusiliers de la garde impériale. Plusieurs membres de la Junte y accoururent et supplièrent le grand-duc de faire cesser l'effusion du sang. Le ministre de la guerre O'Farril et le ministre des finances Asanza parcoururent les rues à cheval, en agitant en l'air des mouchoirs blancs en signe de réconciliation. Ils sauvèrent la vie à un grand nombre de leurs concitoyens. Sur leur invitation, les membres des conseils se distribuèrent les différens quartiers pour y proclamer l'amnistie générale. Plusieurs officiers des deux nations s'adjoignirent à cette mission de paix. L'émeute avait commencé à dix heures du matin, à deux heures après midi tout était fini. Les troupes et l'artillerie cantonnées à quelque distance de Madrid s'étaient ébranlées, mais elles n'entrèrent pas dans la ville. Dans tout ce tumulte, la perte des Français n'alla pas à trois cents hommes tués ou blessés; la perte des Espagnols fut moins considérable.

Le combat avait cessé, mais la paix n'était pas faite. Peu importe aux soldats si l'amour de la patrie et la haine de l'oppression ont mis les armes à la main de leurs adversaires; il n'y a de guerres justes à leurs yeux que les guerres loyales, celles déclarées à l'avance, où la querelle se vide à ciel ouvert, et où l'on s'embrasse après. Les habitans de Madrid venaient de les surprendre un à un, désarmés, inoffensifs, et les avaient massacrés à huis-clos. Cependant, quand les Français eurent retrouvé leur force en se réunissant, ils en avaient fait un usage modéré, car peu d'ennemis étaient tombés sous leurs coups, et ils s'étaient contentés de retenir prisonniers plusieurs hommes arrêtés les armes à la main. Le grand-duc jugea que ce n'était pas assez pour la garantie de l'ordre public, et que l'autorité devait reprendre ses droits. Le mouvement du 2 mai, prémédité ou non, était une véritable agression de la part des Espagnols. Dans la soirée du même jour et le lendemain, quelques-uns des prisonniers faits pendant le tumulte, et d'autres que les patrouilles rencontrèrent armés, comparurent devant une commission militaire. On les condamna à mort, comme chefs ou complices de révolte, et on les fusilla près de la promenade du Prado.

Il se trouva parmi les condamnés des hommes qui n'avaient pas combattu, et dont le seul crime fut d'être porteurs d'un grand couteau ou d'autres instrumens tranchans. On les fit périr sans leur accorder l'assistance d'un prêtre qui les consolât à leur dernier moment, et cette circonstance ulcéra encore davantage un peuple religieux. La douleur et la haine ont exagéré le nombre des victimes; il n'a pas dépassé cinquante personnes [1]. Quoi qu'il

[1] Le manifeste justificatif du conseil de Castille, composé et publié à Madrid dans le mois d'août 1808, après que l'armée française avait évacué cette capitale, porte la perte des Espagnols, dans l'émeute du 2 mai, à cent quatre hommes tués, cinquante-quatre blessés et trente-cinq égarés (*extraviados*). Le manifeste emploie l'expression quelques-uns (*algunos pocos*) en parlant de ceux qui ont été fusillés le jour même et les jours suivans.

Le grand-duc de Berg savait, avant le 2 mai, que la couronne d'Espagne était en réserve pour un autre que pour lui. Il faut attribuer le peu de succès de sa mission à son zèle plus ardent qu'éclairé pour le service de l'Empereur, et à la manie assez commune alors de juger des Castillans que personne n'entendait, par les Italiens qu'on avait long-temps pratiqués. « La journée d'hier donne l'Espagne à l'Empereur. » Ainsi s'exprimait Murat, le 3 mai au matin, dans un accès de confiance présomp-

en soit, des calamités infinies sont sorties delà. Jamais les Espagnols ne pardonneront aux Français des exécutions si promptes et si inattendues. Le nom de Murat sera transmis par eux à la postérité, chargé d'invectives.

On a porté des jugemens tout opposés sur les causes du soulèvement de Madrid. Les uns, frappés de la marche indécise et tortueuse de la Junte de gouvernement, lui ont prêté un projet de vêpres siciliennes ; ils ont dit que la ville s'était remplie tout-à-coup d'étrangers venus des différentes parties du royaume, que la conjuration devait éclater

tueuse. « Dites plutôt qu'elle la lui enlève pour toujours, » répondit le ministre de la guerre O'Farril. Ce loyal Espagnol ignorait alors que des conseils furieux l'avaient présenté lui et le capitaine-général de la Nouvelle-Castille don Francisco-Xavier de Negrète, comme des agens de l'Angleterre et des chefs de complot, qu'il avait été question dans les salons du grand-duc de faire le procès à tous deux, et que cette idée absurde avait été rejetée par l'intercession énergique du maréchal Moncey, dont le cœur saignait à la vue de l'injustice.

pendant la nuit, et que tous les Français auraient été assaillis dans les casernes et égorgés dans leurs logemens. Les autres ont pensé qu'un général d'un caractère modéré et d'un esprit conciliant aurait épargné aux vaincus des maux qui plus tard sont retombés sur les vainqueurs; ils ont été jusqu'à accuser le grand-duc de Berg d'avoir provoqué des troubles, afin de mettre plus vite une couronne royale sur sa tête, en démontrant à Napoléon combien un roi soldat était nécessaire pour dompter les Castillans. Ces deux opinions nous paraissent également dépourvues de vraisemblance. Rien, dans le mouvement, ne décèle la moindre trace de préméditation. Murat était loin d'avoir l'ame atroce, et il savait que le choix de l'Empereur relativement au trône d'Espagne était arrêté. Pour expliquer ce qui est arrivé, il y a bien assez des dispositions connues du peuple espagnol et de l'armée française.

L'effet immédiat du canon du 2 mai et de

la fusillade du Prado fut d'attérer les habitans de Madrid. Ceux qui exerçaient quelque influence dans la ville ne pensèrent qu'à implorer merci. Le conseil suprême de l'inquisition alla dans sa soumission plus loin que les autres autorités; son zèle le porta à faire un appel aux ministres de la religion, pour diriger l'animadversion du peuple contre les instigateurs *d'excès pareils à l'émeute scandaleuse du* 2 *mai* [1]. L'attitude des Français n'était rien moins que tranquillisante; leurs ordres du jour et leurs proclamations, en promettant l'oubli du passé, menaçaient de punitions plus fortes en cas de récidive. L'infant don Francisco partit pour Bayonne, et fut suivi, à vingt-quatre heures d'intervalle, par l'infant don Antonio. Ce prince demanda lui-même à rejoindre le Roi son neveu, afin

[1] Voyez dans *le Moniteur* du 16 mai 1808 la lettre écrite le 6 du même mois par le conseil royal de l'inquisition aux tribunaux du saint-office de Madrid et du royaume.

d'échapper de cette manière à des obligations qu'un plus habile que lui n'aurait pas mieux remplies. Alors s'évanouit la considération que son rang reflétait sur les autres membres du corps dont il était le président. Le grand-duc de Berg ayant témoigné le désir d'être associé aux délibérations du gouvernement, la Junte hasarda quelques réflexions, et finit par céder. Peu de jours après, la présidence fut acquise au grand-duc, avec l'apparence de la légalité, par un décret de Charles IV, qui l'instituait lieutenant-général du royaume.

La nouvelle des événemens du 2 mai était arrivée à Bayonne, grossie par l'effroi des Espagnols et par la politique des Français. On ne parlait de rien moins que de dix ou douze mille hommes tués de part et d'autre. Le sang avait ruisselé dans des rues de Madrid. Cela servait merveilleusement à Napoléon pour rompre le peu de résistance qu'on opposait encore à ses desseins, et pour presser le dénouement du drame diplomatique. Ferdinand eut à essuyer le reproche d'avoir, *en flattant l'opinion de la multitude, et en oubliant le saint respect dû à l'autorité légitime, allumé l'incendie prêt à dévorer les Espagnes.* Le jeune Roi avait paru avoir une volonté, avant que les vieux souverains arrivassent à Bayonne, et tant qu'il fut assisté de ses conseillers. Mais celui d'entre eux qui avait le plus de pouvoir sur son esprit, Escoiquitz, s'était laissé prendre aux séductions de Napoléon. La fermeté de Ferdinand s'évanouit en présence de son père et de son Roi, sur le trône duquel il s'était assis. Les sévères reproches de l'Empereur achevèrent de l'abattre. Il rendit purement et simplement la couronne au vieux roi [1]. Déjà celui-ci en avait disposé en faveur du souverain de la France, par un traité signé le 5 mai [2]. Ferdinand, redevenu prince des Asturies, confirma en cette

[1] Voyez à la fin du volume (R).

[2] Voyez à la fin du volume (S).

qualité, l'abandon formel fait par Charles IV, et renonça à ses propres droits, comme héritier du trône, par un traité, en date du même mois, auquel adhérèrent les infans don Carlos, don Francisco et don Antonio [1]. Bien plus, les quatre princes se chargèrent, dans une proclamation écrite à Bordeaux le 12 mai [2], d'expliquer à la nation espagnole les puissans motifs qui avaient servi de règle à leur conduite. Ils réclamèrent l'obéissance à un autre souverain, comme le plus grand témoignage de dévouement qui pût leur être donné.

Avant la consommation du sacrifice, Ferdinand VII avait écrit, par une voie détournée, à la Junte de gouvernement, « qu'il n'était pas » en liberté, et qu'il ne pouvait en conséquence prendre aucune mesure pour la conservation du souverain et de la monarchie. » D'après ces considérations, il donnait à la

[1] Voyez à la fin du volume (T).
[2] Voyez à la fin du volume (U).

» Junte les pouvoirs les plus illimités. Elle » pouvait se transporter partout où elle le ju- » gerait convenable, et exercer au nom de Sa » Majesté toutes les fonctions de la souverai- » neté. Les hostilités devaient commencer du » moment où le Roi serait conduit dans l'in- » térieur de la France, chose à laquelle il ne » consentirait jamais, à moins d'y être forcé » par la violence. » Il avait en même temps adressé au Conseil royal, et, à son défaut, à toute chancellerie ou audience, un décret portant : « Que les cortès seraient assemblés dans » le lieu le plus convenable; qu'ils s'occupe- » raient d'abord de levées de troupes, et des » subsides nécessaires pour la défense du » royaume, et que leur session serait perma- » nente, pour prendre par la suite les mesures » convenables, suivant l'occurrence des évé- » nemens. »

Ainsi, pendant que des actes patens délivraient les magistrats comme les autres sujets, du serment de fidélité, une intimation secrète leur traçait de nouveaux et rigoureux devoirs. Ignorant sans doute que les rois doivent savoir mourir, s'ils veulent qu'on meure pour eux, Ferdinand ordonnait froidement à ses serviteurs de se précipiter au plus fort du danger pour sauver des droits qui étaient les siens propres, et qu'il jugeait bon de sacrifier ostensiblement à des calculs de sûreté personnelle. Toutefois, la volonté royale était notoire; elle se manifestait, non comme un caprice de l'homme couronné, mais comme un accomplissement de devoir de la part du magistrat héréditaire, chargé de défendre la nation contre les étrangers. La Junte de gouvernement instituée par Ferdinand VII n'avait que deux partis à prendre, obéir ou bien abdiquer une autorité frappée de sécheresse, quand la source dont elle émanait était tarie.

Les bouleversemens politiques, en jetant les hommes hors des combinaisons ordinaires de la vie, les exposent quelquefois à dévier des principes de la morale. Les décrets de Ferdinand furent apportés par un commissionnaire qui, pour éviter les troupes françaises, fit à pied la plus grande partie du chemin de Bayonne à Madrid, et arriva par Guadalaxara. Lorsque les membres de la Junte en eurent pris connaissance, il y avait deux jours que la renonciation officielle du prince des Asturies au trône, transmise avec une célérité extrême, par le moyen des courriers de l'armée, avait été promulguée, et le grand-duc de Berg était installé comme lieutenant-général de Charles IV. La Junte eut la faiblesse de se croire engagée par ses déterminations antérieures à continuer de suivre la même ligne de conduite. Encore effrayée du déploiement de la force militaire française au 2 mai, et croyant ne prendre conseil que de son amour pour la patrie, elle décida, à l'unanimité et sans hésitation, que les ordres de Ferdinand étaient inexécutables. Par cette délibération, la Junte acheva de se dépouiller de son caractère de Conseil suprême, émané d'un souverain indépendant, pour ne plus figurer autrement que comme l'exécutrice passive des volontés du chef des étrangers.

Il importait que le changement opéré dans la capitale s'étendît promptement jusqu'aux provinces les plus éloignées. En attendant que l'armée impériale occupât Cadix et Valence, le lieutenant-général du royaume prit les mesures qu'il jugea le plus propres à briser ce qui restait de moyens de résistance dans les troupes espagnoles. Les deux régimens suisses cantonnés près de Madrid, furent encadrés dans le corps d'armée du général Dupont. Les trois compagnies de gardes-du-corps et les bataillons de service des gardes espagnoles et wallonnes, au nombre de quatre, furent sous le commandement du maréchal Moncey. On prescrivit au capitaine-général de la Galice, don Antonio Filangieri, de concerter, avec le général de marine du Ferrol, l'embarquement de trois mille hommes pour Buenos-Ayrés, autant pour en débarrasser le pays, que pour mettre la colonie à l'abri des attaques des Anglais. Le ministre de la marine envoya des instructions dans les ports, pour mettre les vaisseaux de l'État en réparation et en armement. Le commandant de l'escadre de la Méditerranée, renfermé depuis plusieurs années dans le port de Mahon, reçut l'ordre de se joindre aux escadres françaises en rade de Toulon, aussitôt qu'elle pourrait s'échapper sans danger. On ordonna des changemens de garnisons en Catalogne et ailleurs. La division Solano était restée à Badajoz, Junot ne s'étant pas soucié de la voir rentrer en Portugal. On adressa au général l'ordre de faire partir ses troupes pour le camp de Saint-Roch, et de se rendre de sa personne à Cadix, pour reprendre ses fonctions de capitaine-général de l'Andalousie. Comme on craignait que Solano n'hésitât, Murat lui dépêcha le capitaine du génie Constantin, officier de son état-major, pour le persuader. Il envoya un autre ingénieur, le chef de bataillon Rogniat, à don Francisco-Xavier de Castaños, commandant du camp de Saint-

Roch, avec la mission apparente de reconnaître la place de Gibraltar, et chargé en secret de faire envisager à ce lieutenant-général, très-influent alors, puisqu'il avait sous ses ordres le plus de forces réunies, les avantages qu'il y aurait pour lui à entrer franchement dans le nouvel ordre de choses.

Ce fut alors qu'on commença à fortifier et approvisionner les hauteurs du Retiro, comme propres à y établir une citadelle pour tenir en respect la population de Madrid. L'autorité française mit la main sur tous les magasins d'armes et de munitions qu'elle put atteindre. Des officiers partirent pour Ceuta, chargés de faire reconnaître l'autorité nouvelle dans les ports espagnols, de disposer favorablement la cour de Maroc, et d'explorer la côte septentrionale de l'Afrique. On préparait dans le silence de vastes projets pour changer la face de ce pays. L'ambassadeur de France à Constantinople avait été consulté par le ministre des relations extérieures, sur la question de savoir jusqu'à quel point la sublime Porte prendrait part aux griefs qui pourraient survenir entre la France et les États barbaresques.

L'Empereur ne pouvait pas s'éloigner des Pyrénées, avant que les affaires de la Péninsule fussent réglées d'une manière définitive. Voulant qu'une apparence de consentement national sanctionnât son ouvrage, il convoqua pour le 15 juin à Bayonne, une assemblée de cent cinquante personnes notables, que le lieutenant-général du royaume fut chargé de désigner, en se rapprochant autant qu'il serait possible de la marche suivie pour la formation des anciens cortès. Cette assemblée devait fixer les bases d'une constitution nouvelle. En attendant qu'elle se réunît, Napoléon rendit public son dessein de déposer la couronne d'Espagne sur la tête d'un autre lui-même.

LIVRE QUATRIÈME.

INVASION DE L'ESPAGNE.

SOMMAIRE.

Effet que produit dans toutes les parties de l'Espagne la nouvelle des événemens du 2 mai. — Insurrection des Asturies. — Insurrection de Santander. — Insurrection de Léon, Galice, Castille, Aragon, Catalogne, Valence, Murcie, Andalousie, Estramadure. — Proclamation des Juntes insurrectionnelles. — Opinion publique. — La Junte de Séville se déclare Junte suprême du gouvernement de l'Espagne et des Indes. — Solano massacré à Cadix. — La Junte de Séville déclare la guerre à la France. — L'escadre française dans le port de Cadix bombardée et obligée de se rendre aux Espagnols. — L'Espagne demande du secours à l'Angleterre. — Disposition du gouvernement et du peuple anglais. — Secours prodigués par l'Angleterre. — Le corps d'armée du général Dupont entre en Andalousie. — Combat du pont d'Alcolea. — Entrée des Français dans Cordoue. — Soulèvement de la Manche. — Le corps d'armée du général Dupont se retire à Andujar. — Le corps d'armée aux ordres du maréchal Moncey, duc de Conégliano, marche sur Valence. — Scènes sanglantes à la suite de l'insurrection de Valence. — Combat du pont de Pajazo. — Combat de Cabrillas. — Attaque de Valence. — Les Français repassent le Xucar et vont à Albacète.

LIVRE QUATRIÈME.

❀

INVASION DE L'ESPAGNE.

❀

La nouvelle des événemens du 2 mai se répandit jusqu'aux extrémités de l'Espagne avec une incroyable rapidité. Les relations des officiers français exagéraient le massacre, afin de rendre la terreur plus grande. Les Espagnols exagéraient aussi, parce que l'exagération est dans leur caractère, et aussi parce qu'ils voulaient allumer une plus grande soif de vengeance. La population extraordinaire qu'avait attirée à Madrid l'acclamation du roi Ferdinand et que l'incertitude y avait retenue, rentra en hâte dans ses foyers. Ils avaient entendu les fusillades du Retiro. Au récit de ce qu'ils avaient vu, ils mêlèrent ce qu'ils avaient entendu sur les iniquités de Bayonne et sur les violences faites à Ferdinand. Le peuple ne réfléchit pas sur les passages des Pyrénées ouverts, les provinces et la capitale envahies, le trésor et les places aux mains de l'ennemi, la nation désarmée, l'État sans direction..... Il vit son Roi traîtreusement emprisonné, la foi promise violée, ses compatriotes massacrés, le nom espagnol avili. Des montagnes d'Aragon aux colonnes d'Hercule, et du jardin de Valence au cap Finistère, un seul cri fut entendu : *Vive Ferdinand VII! Meurent les Français!*

La terre des Asturies, qui jadis servit de retranchement aux débris de la patrie espagnole contre les armes de Rome, maîtresse du monde, et où, plus tard, Pélage se réfugia avec les images sacrées des chrétiens; cette même terre, toujours habitée par une race indomptable (*Cantabros indomitos ferre jugo*), devait être la première où on lèverait l'étendard de l'indépendance. Le vicomte de Materosa et don Alvaro-Florez Estrada, gouverneur-général de la principauté, s'échappèrent, le 3 mai, de Madrid où ils avaient vu leurs amis périr de la main des Français. Ils arrivèrent, le 9, à Oviedo, et, à leur récit, l'émotion populaire fut assez grande pour alarmer l'autorité et la porter à demander des secours à Madrid. Bientôt on fit circuler dans le pays une prétendue proclamation de Ferdinand VII, qui appelait la nation à son aide. Murat envoya, pour apaiser le tumulte, le comte Delpinar, conseiller de Castille, et un autre magistrat don Juan Melendez, et, pour assurer leur mission, ils eurent ordre de rassembler le régiment d'Ultonia et le corps des carabiniers royaux. Mais il était trop tard. Le peuple assaillit les commissaires, les poursuivit, et ils coururent le risque de perdre la vie. Les troupes de ligne ayant pris leur rôle habituel, celui de défendre l'autorité établie, on menaça le commandant des carabiniers royaux. L'arsenal d'Oviedo fut pillé, et le peuple s'étant armé, le marquis de Santa-Cruz de Marsenao, grand d'Espagne, leva l'étendard de Ferdinand VII.

A vingt lieues de-là, à Santander, l'orage éclata le 26 mai. L'évêque don Rafael Mendez de Luarca, personnage dont les mœurs exemplaires rappelaient la simplicité et la sévérité évangélique, se mit à la tête du mouvement. Dès le 27, un conseil formé par les hommes considérables du pays, appela aux armes les habitans de la montagne et les Biscayens, et somma les communes d'envoyer des députés pour organiser de concert la défense du pays, suivant les bases qui furent adoptées en l'année 1795, lorsque l'armée française parut sur le Haut-Èbre.

Dans le même temps, Léon insurgée demanda des fusils à la Corogne, et la Galice entière suivit l'exemple des Asturies.

Bien plus, la Vieille-Castille que les armées avaient déjà traversée, n'hésita pas à prendre les armes, et Ferdinand VII fut proclamé jusque dans les villes, des murailles desquelles on voyait la fumée des camps français. L'insurrection arriva jusqu'en Navarre, aux portes même de la France. Les gardes-du-corps qui avaient escorté Ferdinand et qui étaient restés à Tolosa et Ernani, demandèrent avec des cris de rage qu'on leur rendît leur Roi : ce fut comme un tremblement de terre général.

Ce n'était pas l'exemple des uns qui donnait aux autres le désir de les imiter. La même sensation enfantait partout en même temps les mêmes prodiges. L'Aragon éclata des premiers. Tortose, Lerida, Valence, Murcie, Carthagène, Badajoz, déchirèrent les proclamations de Murat. Les quatre royaumes d'Andalousie éclatèrent aussi, et ce fut là que se déploya la puissance la plus formidable. Au midi comme au nord, on mesura l'offense et non pas le danger. Partout le mouvement vint des classses inférieures; partout le dévouement à la patrie se déploya en raison inverse des avantages qu'elle accordait à ses enfans. Les hommes de l'autorité, les soldats, les riches voulurent d'abord arrêter le mouvement populaire. De leur résistance, il s'ensuivit quelques excès et des meurtres déplorables. Des hommes recommandables furent massacrés, pour avoir voulu maintenir l'ordre public; d'autres, qu'on accusait d'être les complices de Godoy, parce qu'ils avaient joui des faveurs du gouvernement renversé. On doit avouer, à la louange du caractère espagnol, que la cupidité et les vengeances personnelles n'ont pas eu de part aux crimes qui ont été commis, et qu'au nom de la patrie, il y a eu peu de résistances à vaincre. Tous les Espagnols déliraient de rage contre l'étranger. On chercherait en vain, dans la plupart des villes, les noms de ceux qui ont poussé les premiers le cri de l'insurrection. Tous ont voulu; tous ont agi; tous ont senti la nécessité d'autorités constituées pour les diriger, et employer dans l'intérêt commun les efforts de tous.

Voilà pourquoi les Juntes de villes et de provinces se sont établies avec une merveilleuse facilité. Moins de vingt-quatre heures après l'explosion qui anéantissait tout ce qui avait précédé, des Juntes étaient proclamées, où les plus habiles, et généralement les plus éclairés dans l'ordre social, recevaient la sainte mission de sauver la patrie.

Les Juntes ne perdirent pas un moment pour enrôler la population mâle de l'âge de dix-sept à quarante ans. On renouvela solennellement le serment au Roi prisonnier, qui, avant son malheur, était déjà l'idole de la nation. On mit en prison les Français dans les villes où les magistrats parvinrent à les arracher des mains de la populace; leurs biens furent mis sous le séquestre; des proclamations brûlantes de patriotisme se répandirent jusque dans les Alvées, plus promptes à enflammer les courages que la flamme ne l'est à dévorer les pacages d'Estramadure, lorsque le propriétaire y met le feu pour leur donner une forme et une valeur nouvelles.

« Les voyez-vous, ces perfides Français, di-
» sait la Junte de Valladolid; ils sont venus à
» nous comme alliés, nous les avons nourris
» de notre pain; ils ont mangé à notre table...,
» et, sous le déguisement de l'amitié, ils ont
» désarmé notre peuple, saisi nos forteresses,
» dépouillé et emprisonné notre Roi...; ils
» ont lâchement massacré nos frères... Tou-
» tes ces iniquités resteront-elles impunies,
» pendant qu'il existe encore des Espa-
» gnols et des Espagnols castillans?.... Aux
» armes! aux armes! si vous ne voulez pas que
» vos femmes et vos filles soient violées par les
» barbares, que vos champs soient ravagés et
» vos maisons brûlées; si vous ne voulez pas
» être gouvernés par le code de Napoléon, par
» un code militaire, sanguinaire, calculé sur
» la guerre éternelle dont la conscription est
» l'ame, et dont la révolution est l'essence! Ne
» voyez-vous pas que ces armées dites françaises

» sont remplies de Polonais, d'Hanovriens, » de Bavarois, de Prussiens, de Suisses, d'Ita» liens, et jusque de Mameloucks? Cela ne » vous dit-il pas assez quel sort attend vos en» fans?.... N'est-ce pas lui qui vous les a déjà » enlevés pour les envoyer périr sur les riva» ges glacés du Danemark?.... Armons-nous » contre un tyran exécrable, contre l'oppres» seur des nations, contre celui qui n'a ni foi » ni loi. Il est le tyran de l'Europe; mais qu'il » n'espère pas régner sur l'Espagne. Un peu» ple grand et généreux ne saurait être mis » sous le joug.... Ne sommes-nous pas les en» fans des héros? Quels droits a donc sur nous » cet étranger? quels biens avons-nous à at» tendre de l'ami du protecteur de Godoy? » S'il n'était pas son complice, aurait-il arra» ché cet infâme à l'échafaud?... Souvenons» nous de Pélage, qui, à la tête d'une poignée de » chrétiens, a commencé à reconquérir l'Es» pagne sur les Maures; souvenons-nous des » infans de Lara, qui ont affranchi notre pays

» d'un infâme tribut ; souvenons-nous de ce
» magnanime Rodrigue de Brisar. L'empereur
» d'Allemagne réclamait la suzeraineté de no-
» tre pays. Un concile, présidé par le Roi,
» s'apprêtait à discuter cette demande et à y
» répondre. Rompons cette honteuse délibé-
» ration, s'écria le héros; au-dessus d'un roi
» de Castille, il n'y a que Dieu. Rappelons-
» nous que si la perfidie a emmené notre Roi
» prisonnier, nous avions plus noblement ap-
» pris à un roi de France le chemin de Ma-
» drid. Aux armes! Galiciens, Asturiens, aux
» armes! celui que vous combattez est un im-
» pie! Il a relevé le temple des Juifs, dépouillé
» le Pape de ses domaines, dispersé le sacré
» collége des cardinaux. Il ébranlerait l'Église
» si les portes de l'enfer pouvaient prévaloir
» contre elle. Vous combattez pour votre
» terre natale, vos propriétés, vos lois, votre
» Roi, votre religion, et pour la vie à venir?
» Armez vos esprits de la crainte de Dieu, im-
» plorez le secours de l'immaculée Conception;

» la sainte mère de Dieu ne nous abandonnera » pas dans une si juste cause. »

Bientôt Dieu fit connaître que la cause des Espagnols était la sienne propre. On apprit que la foudre était tombée sur l'église de Notre-Dame de Guadelupe le jour même où Ferdinand VII était entré dans Bayonne. Les cierges qui brûlaient autour de la sainte-image s'éteignirent; la mère de Dieu ne fut pas touchée. Dans la caverne de Covadonga, aux Asturies, tant renommée par le refuge de Pélage et de ses braves, des observateurs attentifs et dévots virent de grosses gouttes de sueur couler sur le visage de Notre-Dame-des-Batailles. A Compostelle, on entendit pendant la nuit comme un cliquetis d'armes sur le tombeau de saint Jacques, annonçant que la guerre était déjà commencée, et que le glorieux patron des Espagnes conduirait encore les armées à la victoire. Si la superstition peut trouver grâce devant le philosophe, c'est lorsqu'elle s'associe à la défense de la patrie.

Les miracles étaient une preuve de l'opinion du clergé. Les évêques d'Oviedo et de Santander furent à la tête des insurrections de leurs provinces. Don Pedro de Quevedo y Quintano, évêque d'Orense, refusa de se rendre à Bayonne où on l'avait appelé. Il protesta ensuite dans un écrit fort de logique et d'éloquence contre l'illégalité des actes déjà consommés dans cette ville, et de ceux qu'on penserait à y opérer encore par la force. Il réclama de la magnanimité de l'Empereur le retour des princes d'Espagne, *plongés civilement dans la tombe, dans le même pays où la branche aînée de leur maison avait été victime d'une révolution sanguinaire.* Le vertueux évêque, honneur du clergé espagnol par sa doctrine, comme il en était l'exemple par ses vertus, ne craignit point, à l'âge de soixante-treize ans, et avant que l'insurrection de son pays eût éclaté, de faire entendre la vérité sévère aux oreilles d'un prince tout-puissant. *Je suis forcé à la dire* (c'est ainsi que son écrit finissait), *par mon amour pour mon pays, et par ma qualité de conseiller, titre temporel attaché à l'épiscopat d'Espagne, et en outre je la crois nécessaire pour éclairer, redresser et ramener dans les voies de la gloire et du bonheur le héros que jusqu'ici l'Europe a respecté et admiré...* En tout lieu, les ecclésiastiques les plus élevés en dignité comme les moindres, donnèrent le signal de l'insurrection, ou au moins se hâtèrent de joindre leurs voix à la voix du peuple.

Au milieu des efforts dictés par un patriotisme égal, Séville se distingua par une direction forte et un esprit d'ordre qui a sauvé l'Espagne. Le soulèvement populaire eut d'abord le même caractère que dans les autres villes. Le peuple s'assembla tumultueusement dans l'après-midi du 26 mai, et courut en armes sous les balcons de la municipalité (*ajuntamiento*). Le comte del Aguilar fut massacré, sortant de l'Hôtel-de-Ville, dans son carrosse. La noblesse et les propriétaires sentirent le besoin de se mêler au mouvement du peuple pour le diriger. Une Junte de vingt-trois membres se forma, dans la journée du 27, avec des délégués de l'archevêché, de l'audience royale, de la noblesse, des officiers-généraux, des différens corps de ville et des communautés religieuses. Don Francisco Saavedra, ancien ministre des affaires étrangères, et qui passait pour le premier homme d'État de l'Espagne, fut appelé de Puerto-Real, où il était exilé, pour en prendre la présidence. Plusieurs hommes habiles avaient été appelés à en faire partie; d'autres n'avaient été placés dans le corps que pour modérer et diriger l'effervescence du peuple sur lequel ils avaient tout pouvoir. Le plus remarquable était le père Manuel Gil, de l'ordre des clercs mineurs, qui, sortant d'un couvent de correction où l'avait enterré Godoy, ne respirait que vengeance. Grand discoureur, fécond, il avait été le principal moteur de l'insurrection, et, du fond de sa cellule, il allumait et calmait le peuple à volonté. Le jour même où elle fut installée, la Junte distribua le travail de gouvernement entre ses membres, et prit le titre de Junte suprême de gouvernement de l'Espagne et des Indes.

Ce ne fut pas un vain titre : quoique beaucoup déchue de son ancienne splendeur, Séville a encore une population de quatre-vingt-dix mille ames, c'est-à-dire qu'elle est la ville la plus considérable d'Espagne après Madrid et Barcelone; elle possède la seule fonderie de canons de bronze existante pour le service des troupes de terre. Derrière elle, sont l'arsenal maritime des Carraques, le plus considérable de la monarchie; la place anglaise de Gibraltar; Cadix, que sa position péninsulaire rend facile à défendre, et toutes les Indes espagnoles. Son éloignement des Pyrénées et le voisinage des seules troupes formées en corps d'armée que la monarchie eût encore sur pied, la rendaient propre à être le siége de l'insurrection.

Sans perdre un instant, elle envoya des courriers au capitaine-général de la province à Cadix, au commandant du camp de Saint-Roch, aux villes de Cordoue, de Grenade et de Jaën, chefs-lieux de royaume, en Estramadure, et dans les autres villes les plus voisines, pour les instruire de la résolution qu'elle avait prise de sauver la patrie, et les inviter à y coopérer de tous leurs moyens. Elle expédia des bâtimens légers aux îles Canaries et en Amérique; elle envoya des commissaires aux Algarves et dans l'Alemtejo, pour demander l'appui du peuple portugais; elle félicita la ville de Madrid sur la tentative généreuse faite au 2 mai pour secouer le joug étranger; elle remontra aux Français quelle honte rejaillirait sur eux dans la postérité, d'opprimer une nation généreuse au profit d'un tyran qui n'était même pas de race française, et qui leur avait enlevé leurs lois et leur liberté. Les Italiens et les Allemands, les Polonais, les Suisses, reçurent la promesse d'un bon traitement, s'ils voulaient abandonner les drapeaux de l'oppresseur de l'Europe.

Cependant, l'ordre public fut à peine troublé pendant vingt-quatre heures à Séville, et au bout de ces vingt-quatre heures, les tribunaux reprirent leurs fonctions, et le peuple retourna à ses travaux, de manière que, d'une si grande commotion, il ne resta dans les esprits que le mouvemént nécessaire pour accomplir de glorieuses destinées. Les théâtres furent fermés à cause du deuil de la patrie, et on ordonna des prières publiques extraordinaires dans les églises. Les prisons furent ouvertes, et on en fit sortir tous les criminels, autres que ceux détenus pour crime de lèse-majesté divine ou humaine. Une amnistie semblable fut accordée aux déserteurs de l'armée ou de la flotte, et aux contrebandiers qui se présenteraient dans le délai de huit jours. La Junte suprême ordonna à toutes les villes de deux mille maisons et audessus, de former à l'instant une Junte de six personnes, sous l'autorité de laquelle les autres autorités constituées devaient continuer l'exercice de leurs fonctions, et dans les endroits moins considérables, la municipalité enrôlerait et formerait en compagnies tous les hommes de seize à quarante-cinq ans, autres que les gens d'église, et lèverait sur les administrés, par contribution volontaire, et, à son défaut, par voie d'emprunt forcé et de répartition, les sommes nécessaires pour faire cette levée. Les compagnies devaient vivre dans leurs communes, et s'y former à la discipline militaire jusqu'à ce que la Junte suprême en disposât. En outre, tous et chacun furent invités à prendre du service volontairement, soit pour renforcer les anciens corps, soit pour en former de nouveaux. La paie des soldats de ligne fut augmentée d'un réal, et celle des volontaires fut fixée à quatre réaux, outre la ration de pain. On pourvut à ce que les travaux de l'agriculture et la récolte prochaine ne fussent pas interrompus par cette levée extraordinaire.

La Junte envoya quatre officiers d'artillerie aux gouverneurs du camp de Saint-Roch, de Grenade, de Badajoz et de Cadix. L'un d'eux, le comte de Thebe, cadet de la maison de Montijo, apporta le 29 mai à Cadix les décrets de la Junte suprême. Cette nuit la ville était en feu. Le marquis del Socorro, après quinze jours d'incertitude, s'était déterminé à exécuter l'ordre du grand-duc de Berg qui le renvoyait à Cadix pour reprendre le commandement de l'Andalousie, et il était entré la veille dans la ville. Quand on lui avait parlé de combattre les ennemis : *Les voilà, les ennemis de l'Espagne*, dit Solano, en montrant les vaisseaux anglais. La multitude se rassembla, s'arma, pilla l'arsenal. Solano réunit chez lui les chefs de l'armée de terre et de mer, afin de délibérer sur les mesures à prendre pour apaiser le peuple. On promit de faire ce qu'il voudrait : cependant la vue du pavillon français sur l'escadre exaspérait les habitans de Cadix. Le tumulte dura. Le troisième jour qu'il avait commencé, des furieux, conduits par un jeune homme qui avait été novice dans le couvent de chartreux de Xerès, se précipita à la porte du gouverneur comme il était à table. La garde fait résistance; les furieux amènent du canon, enfoncent la porte, envahissent la maison. Solano gagne, par une issue secrète, la maison du banquier irlandais Strange, voisine de la sienne. De-là, il monte sur un toit : un ouvrier le suit; Solano le saisit et le précipite dans la rue. L'ouvrier gissant, la cuisse cassée, montre du doigt la plate-forme où s'est caché celui que dix mille voix proclament un traître. D'autres assassins accourent, saisissent le malheureux, le frappent de leurs armes, le traînent de rue en rue, et le font expirer, après une lente et cruelle agonie, sur la place de Saint-Jean-de-Dieu.

Ainsi périt un homme autrefois cher au peuple et à l'armée, et qui aimait sa patrie avec adoration. Il put se tromper, mais son erreur fut celle d'un bon citoyen. Un autre officier-général, don Francisco-Xavier de Castaños; qui n'avait ni les talens, ni l'élévation d'ame de Solano, joua dans cette circonstance un rôle plus honorable; tant il est vrai que, pour les hommes de guerre, le meilleur parti à prendre dans les révolutions est celui qui respire la haine des étrangers! Cet officier, commandant en chef le camp de Saint-Roch, reconnut solennellement la Junte de Séville, et, en mettant à sa disposition le corps de dix mille hommes qu'il commandait, lui donna l'autorité nécessaire pour être reconnue dans l'Andalousie et dans les provinces du midi, et pour exercer une heureuse influence sur les provinces du nord et dans toute la monarchie.

Le 6 juin, la Junte suprême, au nom de Ferdinand VII et de la nation espagnole, déclara la guerre par terre et par mer à l'empereur Napoléon Ier et à la France, et protesta solennellement qu'elle ne déposerait pas les armes avant que Ferdinand et sa famille fussent replacés sur le trône d'Espagne, et la nation rétablie dans sa liberté, son intégrité et son indépendance. Elle répandit dans la nation un écrit destiné à propager les mesures nécessaires pour combattre l'ennemi avec avantage ; éviter les actions générales, marcher contre l'ennemi avec des partis isolés, ne pas le laisser reposer, être toujours sur ses flancs et ses derrières, l'affamer en interceptant ses convois et ruinant ses magasins, s'établir en force sur les communications du Portugal avec l'Espagne, et de l'Espagne avec la France ; retrancher les points forts de leur nature, et profiter de tous les accidens d'un pays éminemment favorable à la défense, à cause des torrens, rivières, chaînes de montagnes qui le traversent : tel était, sous un point de vue général, le système de guerre à suivre avec méthode et persévérance. Pour y parvenir, on indiquait cinq commandemens à former, savoir : trois armées actives, d'Andalousie, de Galice et de Catalogne, et deux commandemens pour diriger les provinces du nord et du centre déjà envahies par l'ennemi. Rien n'était encore perdu, puisque tous les bras, tous les esprits et tous les cœurs se vouaient à la défense du pays. Deux fois, pendant la guerre de la Succession, l'ennemi était venu au cœur du royaume, et ces avantages éphémères n'avaient servi qu'à accélérer sa ruine. « Jamais, ajoutait la Junte suprême, la France n'a régné sur nous, et nous, Espagnols, l'avons souvent maîtrisée, non par supercherie, mais par la force des armes.... Que les hommes instruits dans les provinces se chargent d'éclairer l'opinion sur le charlatanisme des gazettes françaises, et sur la bassesse de ceux qui, dans Madrid, se sont dévoués aux étrangers. Qu'ils éclairent leurs compatriotes sur les droits de la patrie, et, lorsque Ferdinand VII sera remonté sur le trône de ses pères, sous lui et par lui, les cortès seront assemblés et donneront au pays les lois les plus convenables pour assurer notre bonheur et notre indépendance. »

La perte d'une escadre française fut la première conséquence de la déclaration de guerre de la Junte suprême. Cinq vaisseaux de ligne français et une frégate de la même nation, étaient dans le port de Cadix, sous les ordres du contre-amiral Rosily, depuis la bataille de Trafalgar. Don Thomas Morla, lieutenant-général, qui prit le commandement après la mort de Solano, avait déjà, en 1801, commandé dans Cadix, lorsque les Anglais voulurent ajouter le fléau de leur présence au fléau de la fièvre jaune qui ravageait l'Andalousie. La lettre ferme et digne qu'il écrivit au général sir Ralph Abercrombie détermina celui-ci à s'éloigner, et Morla fut proclamé le sauveur de Cadix. L'occasion se présentait aujourd'hui de mériter une seconde fois ce titre, et d'arracher une grande ville aux horreurs de l'anarchie. Mais la vue du pavillon français était pour le peuple un motif d'irritation permanente.

Le contre-amiral Rosily prit, dans cette circonstance difficile, le parti qui convenait le mieux à sa situation, celui de gagner du temps et de donner aux troupes dirigées de Madrid sur l'Andalousie le temps d'arriver à Cadix. Il prit une position défensive, hors de portée des batteries de terre, dans le canal qui conduit aux Carraques. De-là, il proposa d'abord de quitter la baie, afin de tranquilliser la multitude; ensuite il offrit, dans le cas où les Anglais n'y consentiraient pas, à débarquer ses canons, renfermer ses équipages à bord, et tenir caché son pavillon, ne demandant en échange de ce sacrifice que des otages pour garantir ses malades et la population française de Cadix, et la garantie qu'on le mettrait à l'abri des attaques de l'ennemi extérieur. Morla refusa d'acquiescer aux propositions de l'amiral français, et demanda que la flotte se rendît à discrétion.

Sur son refus, les Espagnols élevèrent des batteries dans l'île de Léon et près du fort Louis. Ils armèrent aussi des chaloupes canonnières et des galiotes à bombe. Le feu commença le 9 juin, et il dura jusqu'au 14, jour où Rosily se rendit sans condition. Les Français éprouvèrent peu de perte, et les Espagnols n'eurent que quatre hommes tués. Morla ne voulut pas employer de moyens plus violens de destruction, tels que les boulets rouges, assuré qu'il était du succès de l'attaque par l'impossibilité où se trouvaient les attaqués de faire une longue défense.

Les Anglais furent les spectateurs impatiens de ce combat. L'amiral Collingwood, commandant la station du blocus, avait offert sa coopération; elle fut refusée. Il suffisait aux Espagnols que les Anglais empêchassent la flotte de s'échapper, et ils ne voulaient pas leur donner des droits sur une proie facile à obtenir sans leur secours. Du reste, il y avait rapprochement déjà effectué entre l'Espagne insurgée et les commandans des forces britanniques à portée. Castaños s'était mis en communication avec le lieutenant-général sir Hew Dalrymple, commandant à

Gibraltar, et y avait emprunté pour la Junte suprême un million de réaux, et le commerce avait sur-le-champ rempli cet emprunt, sans autre sûreté que la loyauté espagnole. Le manifeste contre la France portait défense aux Espagnols de molester la nation anglaise, ni son gouvernement, ni ses propriétés publiques et particulières. Il annonçait le rétablissement des communications et la conclusion d'un armistice. Aussitôt après que la flotte fut rendue, la Junte suprême demanda à l'amiral anglais le passage pour des commissaires qu'elle voulait envoyer traiter avec le gouvernement de Sa Majesté britannique.

Les envoyés de la Junte suprême ne furent pas les premiers Espagnols qui arrivèrent en Angleterre pour réclamer l'assistance de la nation et du gouvernement. La principauté des Asturies, qui s'était levée la première, fut aussi la première, en raison de sa position topographique, à recourir au point de résistance. Dès le mois de juin, le vicomte de Materosa et don Diégo de la Véga s'embarquèrent à Gijon sur un bateau non ponté, et vinrent trouver un armateur anglais qui croisait devant le port et qui les amena à Portsmouth. On reçut par eux la première nouvelle de l'insurrection. Peu de jours après, on apprit que les Andalousies étaient livrées à la même effervescence que les provinces du nord, et que l'Espagne entière se levait contre les Français.

Jamais nouvelle d'une victoire, d'un traité de paix, d'une déclaration de guerre, ne produisit à Londres un mouvement d'enthousiasme et de joie comparable à celui que la population entière éprouva en apprenant la généreuse résolution des Espagnols de secouer le joug des Français. Depuis que Napoléon était monté sur le trône, l'Angleterre combattait par calcul et par passion, mais sans espoir. Les guerres du continent et la victoire navale de Trafalgar ne l'avaient pas fait sortir de la sombre défensive où l'avait jetée l'armement de Boulogne. L'occupation de la Péninsule par les Français menaçait de nouveau l'Irlande d'une invasion, et voilà que tout-à-coup la scène était changée. L'Angleterre retrouvait un débouché pour ses marchandises, et sa politique, prenant une marche inusitée, va tenter des routes nouvelles. Assez et trop long-temps elle a soldé les efforts de princes sans dignité et de ministres sans prévoyance; elle sera plus heureuse en prenant la défense des révolutions et des principes populaires. De nouvelles routes ouvertes à son commerce tromperont les efforts d'une politique ennemie. Au lieu des fortifications qu'elle élevait timidement sur son rivage, elle portera de nouveau le fer et la flamme sur le continent dont on voulait l'exclure; d'auxiliaire impuissante la voilà devenue partie principale dans une guerre dont l'effet médiat sera d'abaisser la France, et l'effet immédiat de la ruiner.

Ce que prescrivait la politique fut d'accord

avec les idées généreuses, et les marchands de Londres crurent n'obéir qu'à leur enthousiasme pour la liberté et la justice. Les Anglais avaient combattu les Espagnols sans animosité, car ils ne haïssent que les forts. Ils serrèrent avec transport la main de ceux qui étaient la veille leurs ennemis. Les envoyés d'Espagne furent fêtés dans toutes les classes. Leur vue causait un enthousiasme difficile à décrire. Il est si commode d'ennoblir la voix de l'intérêt! Tous les partis furent unanimes. L'opposition vota avec le ministère; et, pour la première fois peut-être, le vieux major Cart-Wright, défenseur éternel des droits du peuple, partagea les opinions de l'oppresseur de l'Irlande et de l'élève de Pitt. Mais encore ici la nuance de l'expression fut distincte. « Rétablissons, » disait le premier dans l'assemblée des francs-tenanciers de la Cité, « rétablissons l'Espagne » indépendante, avec ses cortès et sa vieille » constitution. Ce qui a été perdu pour la » cause sacrée de la liberté du monde, par la

» légèreté, les excès et les vices des Français,
» sera regagné par la gravité, la modération
» et la vertu des Espagnols. » — « Les minis-
» tres de Sa Majesté, dit Canning, ministre
» des affaires étrangères, ne se souviennent
» plus que la guerre a existé entre l'Espagne
» et la Grande-Bretagne. Toute nation qui
» s'élève contre le pouvoir exorbitant de la
» France devient à l'instant, et quelles qu'aient
» été ses relations antérieures avec nous, l'al-
» liée essentielle de la Grande-Bretagne. »
Quelle différence entre ces deux morales! L'une s'appuie sur le pouvoir irrésistible de la justice et sur la sympathie qui unit et rapproche les individus de notre espèce. L'autre invoque, pour faire le bien, les mêmes principes qu'invoquerait le génie du mal; car quelle autre politique avait dirigé Napoléon dans ses rapports avec Naples, avec le Portugal, et avec toutes les puissances que couvrait l'égide de l'Angleterre?

Avec un tel concours de volontés, les mesures de l'Angleterre ne pouvaient manquer d'être efficaces. Le géant aux cent bras les déploya tous à la fois. Dès le 12 juin, on embarqua pour Gijon des armes, des munitions de guerre, des habits de soldats. D'autres expéditions semblables suivirent celle-ci à peu de distance, et furent dirigées sur différens points des côtes d'Espagne. Seize millions de réaux furent envoyés au Ferrol pour aider l'insurrection de la Galice. On rassembla sur le ponton de Portsmouth quinze cents Espagnols pris sur les quatre frégates enlevées en 1804, au milieu de la paix. On les habilla, on les arma, on les fit partir ensuite pour la Corogne. Des émissaires secrets allèrent dans la Baltique préparer l'évasion du corps de La Romana. Des forces navales furent envoyées dans le golfe de Biscaye pour protéger les côtes espagnoles, et le général en chef de l'armée de la Méditerranée reçut l'ordre d'envoyer des détachemens au secours de la Catalogne. On désigna des officiers actifs et aventureux pour accompagner les convois, débarquer avec eux en Espagne, et surveiller la distribution des secours. Ils devaient en même temps entretenir le peuple des bonnes dispositions de l'Angleterre, échauffer la haine contre les Français, explorer le pays, y étudier l'opinion publique, afin de fournir au gouvernement des indications propres à le diriger dans les opérations qu'on devrait entreprendre. Les bons procédés du gouverneur de Gibraltar et de l'amiral Collingwood envers les Espagnols reçurent une complète approbation. On prescrivit au général Spencer de concourir, par des démonstrations, au succès des opérations de la Junte de Séville. Les expéditions qui se préparaient dans les ports des trois royaumes furent coordonnées pour des résultats autres que ceux qu'on en attendait. On prépara des embarquemens de troupes. Le 4 juillet, un ordre du conseil rétablit officiellement les relations de paix entre l'Angleterre et l'Espagne.

Le même jour, les commissaires du Roi, prorogeant le Parlement, annoncèrent, du haut du trône, l'intention de Sa Majesté de faire tous les efforts possibles pour aider l'Espagne dans la noble lutte où elle se trouvait engagée pour la défense de son intégrité et de son indépendance. Mais il faut le dire à l'éternel honneur des généreux patriotes qui crurent à la patrie, les députés asturiens, galiciens, andalous, catalans, furent d'accord pour ne demander aux Anglais que des arme et des provisions de guerre. « Des hommes, di-» saient-ils, il n'en manquera pas dans notre » pays. »

Cependant les troupes françaises étaient en marche pour venir occuper les provinces du midi de l'Espagne et les principaux ports de mer. Dupont fut chargé de la prise de possession de l'Andalousie. Il était cantonné avec ses troupes dans les environs de Madrid, depuis la fin du mois d'avril, et il y passa tranquillement la presque totalité du mois suivant, parce qu'il ne vint dans l'esprit de personne, au quartier-général du grand-duc de Berg, de penser que la flotte de Cadix courût des dangers, ni qu'il y eût du péril dans la demeure. Enfin, il partit de Tolède le 24 mai. Son corps était composé de la division d'infanterie du général Barbou, forte de six mille hommes, d'un bataillon de cinq-cents marins de la garde impériale, destiné à faire les travaux du port de Cadix, des deux régimens suisses au service d'Espagne, de *Reding* n° 1 et de *Prœux*, et de la division de cavalerie du général Frésia, forte de trois mille chevaux partagés en deux brigades. Vingt-quatre pièces de canon et un fort approvisionnement de biscuit, marchaient avec les troupes. On se persuadait qu'il leur serait impossible de trouver à subsister autrement, et on ne voyait pas d'inconvénient à grossir démesurément les colonnes pendant une marche pacifique. Le général Dupont avait l'ordre de rallier et mener avec lui les troupes espagnoles qu'il rencontrerait sur son chemin ou à portée. Ployées sous les formes de la discipline, elles n'avaient pas manifesté la même exaltation de sentimens que les habitans. Il devait être joint, en arrivant à Séville, par une brigade de trois mille hommes détachée de l'armée française de Portugal. On faisait si peu de doute du succès de l'opération, que le général, rendant compte au ministre de la guerre de la formation des colonnes de marche, lui annonçait que la dernière entrerait le 21 juin à Cadix.

Les Français traversèrent les plaines de la Manche sans rencontrer d'obstacles. Ayant trouvé plus de vivres dans le pays qu'ils ne s'y étaient attendus, ils laissèrent à Santa-Cruz de Mudela l'approvisionnement de biscuit, et ils entrèrent dans la Sierra-Morena, la chaîne des montagnes noires dont le nom si souvent répété par les romanciers espagnols remplissait notre enfance d'une espèce de terreur. Lorsque leur avant-garde arriva à la

Caroline, cette ville était presque déserte. La plupart des habitans avaient fui dans la montagne. Ceux qui étaient restés dirent que les Andalous avaient pris les armes pour ne pas être égorgés sans défense comme l'avaient été les habitans de Madrid après l'émeute du 2 mai. Arrivé à Andujar, deux marches plus loin, le général Dupont apprit la levée en masse de la province et les résolutions vigoureuses prises par la Junte de Séville. On le prévint qu'il n'entrerait pas à Cordoue sans combattre.

La grande route de Madrid à Cadix passe le Guadalquivir au pont d'Andujar, et après avoir suivi pendant vingt-huit lieues la rive gauche du fleuve, le repasse devant la Venta de Alcolea. Le Guadalquivir est guéable en plusieurs endroits pendant les sécheresses de l'été. Il coule dans un pays de montagnes; mais elles sont plus hautes et plus escarpées à la rive droite qu'à la rive gauche. Le pont d'Alcolea est construit en marbre noir et percé de dix-neuf arches; il est long d'environ deux cents toises, et coupe le fleuve suivant une ligne brisée qui présente le sommet de l'angle au courant. Cette disposition le met à l'abri d'être enfilé par le canon dans toute sa longueur.

C'était là que les Espagnols attendaient l'armée française[1]. Don Pedro-Agostino de Echevarria, lieutenant-colonel réformé, et président d'un conseil de guerre spécial établi en permanence à Cordoue, pour la répression de la contrebande, des vols et autres délits commis dans la Sierra-Morena, fut chargé de la défense. On mit sous ses ordres un détachement de la division de grenadiers provinciaux d'Andalousie, le bataillon d'infanterie légère de *Campo-Mayor*, un détachement du régiment suisse de *Reding* n° 3, quelques régimens provinciaux et quelques escadrons de

[1] Voyez la carte, n° III.

cavalerie, le tout montant à trois ou quatre mille hommes de troupes de ligne. Il s'y joignit de quatre à cinq mille paysans armés. Les Espagnols construisirent à la hâte une tête de pont, et ils établirent en arrière douze pièces de canon en batterie, pour empêcher de passer le Guadalquivir.

Les premières troupes françaises arrivèrent le 7 juin, à la pointe du jour, devant le pont d'Alcolea. Echevarria était, avec la plus grande partie de son monde, sur la rive droite, près du village de ce nom. Le feu d'artillerie et de mousqueterie s'engagea d'une rive à l'autre. Les Français aperçoivent alors débouchant des hauteurs qui bordent la rive gauche du fleuve un corps considérable, surtout en cavalerie, qui menaçait leur flanc gauche, et même pouvait les prendre à dos lorsqu'ils attaqueraient la tête de pont. Frésia s'avance contre eux avec sa division de cavalerie, que soutient le bataillon des marins de la garde, et les arrête par des charges heureuses. Pendant ce temps, on a reconnu que le pont d'Alcolea n'était pas coupé. La garde municipale de Paris, commandée par le major Estève, se forme en colonne d'attaque. La troisième légion se range derrière, dans le même ordre. On court à l'assaut. Arrivés au bord du fossé qui se trouve être très-profond, les soldats, et les conscrits aussitôt que les autres, se précipitent, montant sur les épaules les uns des autres, et employant en guise d'échelles leurs baïonnettes fichées dans l'escarpe; ils enlèvent sans beaucoup de perte un ouvrage non achevé, quoique défendu par un détachement du bataillon d'infanterie légère de *Campo-Mayor*, puis ils traversent le pont à la course. Le village d'Alcolea, une pièce de canon et plusieurs caissons sont au pouvoir des Français.

Cependant le corps espagnol de la rive gauche renouvelant ses tentatives au moment où elles pouvaient produire un effet plus décisif, le général en chef envoya au secours de Frésia la brigade des Suisses aux ordres du général Rouyer. Cela prit du temps, on en perdit aussi à jeter les parapets d'une portion de la tête de pont dans les fossés, pour ouvrir un passage à l'artillerie et à la cavalerie. Echevarria rallia ses troupes de ligne sur la route de Cordoue, et leur fit commencer la retraite en ordre; mais bientôt Dupont s'avançant en ordre de bataille, elles précipitèrent leur retraite. La cavalerie espagnole fit quelques démonstrations pour charger la droite des Français. Abandonné par les paysans, ayant perdu son canon et réduit à une poignée de soldats de ligne, Echevarria ne tenta point de défendre Cordoue. Il était à onze heures du soir à Ecija, à douze lieues du champ de bataille. Quelques-uns de ses compagnons s'enfuirent jusqu'à Séville.

Tout émus de la déroute de leur armée, les habitans de Cordoue barricadèrent les portes de leur ville, afin d'avoir au moins le temps de fuir. Les vainqueurs arrivèrent à trois heures de l'après-midi, impatiens de franchir les murailles antiques dont une partie fut construite par les Romains, et l'autre par les Arabes. Des coups de fusil tirés du haut des tours augmentèrent l'irritation des vainqueurs. Le général Dupont investit la ville, et il crut pouvoir y entrer sans coup férir. Le prieur d'un couvent du faubourg fut chargé de porter aux habitans des paroles de paix. Il se présenta à la porte et ne put parvenir à la faire ouvrir. Dans cette ville de trente-cinq mille ames, abandonnée par ses magistrats, privée de commandement et de direction, étourdie par les cris d'hommes imprévoyans qui se précipitaient dans le danger en voulant l'éviter, il eût fallu plusieurs heures d'efforts pour rétablir le calme. On ne pouvait pas entendre. Le général français jugea qu'on ne voulait pas l'écouter. Il fit avancer le canon. Au bout de quelques minutes la Porte-Neuve fut enfoncée et les troupes lâchées dans la ville. A quelques coups tirés des fenêtres à peu près au hasard, ils répondent par une fusillade continue. Des hommes armés et d'autres sans défense sont tués dans les rues; les maisons, les églises, même la célèbre mosquée que les chrétiens ont convertie en cathédrale, tout fut saccagé. L'antique capitale des califes Ommiades, le séjour chéri de ces Abdérames, les plus grands rois qu'ait eu l'Espagne, vit se renouveler des scènes d'horreur telles qu'elle n'en avait pas vu de semblables depuis l'année 1236, où les Maures en furent chassés par Ferdinand III, roi de Castille et de Léon; scènes terribles qui n'avaient pas d'excuse dans les pertes éprouvées par le vainqueur, car l'attaque de la ville ne leur avait pas coûté dix hommes, et le succès de la journée ne leur avait coûté que trente tués et quatre-vingts blessés.

L'armée s'arrêta à Cordoue. Après que le pillage eut cessé, on leva de fortes contributions sur les habitans. Le bataillon de marins de la garde impériale resta à Alcolea pour garder le passage, et l'on travailla à réparer et achever la tête de pont.

Le général Dupont n'avait pas manqué d'instruire jour par jour le grand-duc de Berg, par des lettres que celui-ci ne recevait pas, de la résistance que préparaient les Espagnols; ne pouvant pas avec huit mille hommes battre des armées, prendre des places fortes et soumettre des provinces, il demanda avec instance qu'on lui envoyât des renforts.

Pendant qu'il les attendait, l'insurrection l'enveloppa de toute part, et on perdit les communications avec Madrid, de sorte qu'on ne put même pas y faire parvenir le récit officiel de l'entrée à Cordoue. Les paysans armés des environs de Jaën passèrent le Guadalquivir et massacrèrent l'officier français qui avait été laissé à Andujar pour faire rejoindre les militaires ou les détachemens isolés. Des contrebandiers organisés, renonçant à leur métier pour faire la guerre nationale, occupèrent en force les défilés de la Sierra-Morena. Jusque dans la Manche, la population prit les armes contre les Français. Les magasins de biscuit de Santa-Cruz de Mudela tombèrent au pouvoir des paysans. Ils massacrèrent les malades à Manzanarès. Le général de brigade René, qui avait acquis en Egypte une haute réputation de bravoure, fut arrêté à la Caroline, pendant qu'il rejoignait le corps d'observation de la Gironde; des paysans féroces le plongèrent tout vivant dans une chaudière d'eau bouillante. D'autres officiers français furent sciés vivans. Le capitaine d'état-major Caynier et le commissaire des guerres Vaugien, furent au nombre des victimes.

Les isolés et les faibles détachemens ne pouvant plus passer, on en forma de plus nombreux. Le général de brigade Roize voulut rejoindre Dupont avec quatre cents convalescens réunis dans les hôpitaux de Tolède. Des nuées d'insurgés l'assaillirent en traversant la plaine rase de la Manche, et firent essuyer à ses soldats débiles un échec qui le força à se replier sur un corps de cinq cents chasseurs à cheval que le général Liger-Belair, parti de Madrid depuis peu, conduisait à l'armée. Les deux détachemens réunis battirent les insurgés à Val-de-Peñas; mais les chasseurs ayant reçu l'ordre de rétrograder sur Madrid pour une autre destination, les généraux ne sachant pas où ils trouveraient Dupont, et ne se jugeant pas en état de forcer le passage de la Sierra-Morena, qu'on disait retranché et garni d'artillerie, se replièrent sur Madrilejos, gros bourg situé à l'entrée de la province de Tolède.

Dupont se trouvait lancé en camp volant, et comme un enfant perdu. Jusqu'aux portes de Cordoue, les paysans vengeaient contre les soldats pris un à un les horreurs de l'assaut.

Les reconnaissances de cavalerie sortaient chaque jour de Cordoue et poussaient jusqu'à la Carlota, sur la route de Séville, sans rencontrer l'ennemi. Ce n'est pas que la Junte suprême restât dans l'inaction; elle se hâta de compléter les anciens cadres et d'en former de nouveaux. Des trains d'artillerie furent organisés et la cavalerie fut remontée avec une rapidité que donne seul l'amour de la patrie. Les Andalous se rendaient en foule à son appel. Aussitôt que la nouvelle de la déroute d'Alcolea fut parvenue à Séville, elle envoya le brigadier des armées, marquis de Coupigni, à Ecija, pour rallier les fuyards. Les troupes de l'ancienne division Solano et du camp de Saint-Roch se portèrent à Utrera et à Carmona. La division de Grenade pressa son organisation; le bruit courut que Castaños, nommé par la Junte général en chef des armées nationales, allait attaquer les Français.

Il parvint au général Dupont quelques nouvelles de cette organisation. Il prit le parti de rouvrir ses communications et de se rapprocher de ses renforts. Le 16 juin au soir, il abandonna Cordoue, et le 19 il arriva, sans avoir été suivi, à Andujar où il prit position. En se rapprochant des attroupemens d'insurgés qui avaient inquiété ses derrières, il détacha contre ceux de Jaën un fort détachement commandé par le capitaine de frégate Baste, bon officier de guerre, passé de la marine à l'armée de terre. Les insurgés furent culbutés et repassèrent le Guadalquivir. L'intention du général était que la ville de Jaën fût punie et qu'elle fournît des vivres à l'armée. Le succès avec lequel les soldats s'acquittèrent de la première partie de cette commission empêcha de remplir la seconde. Jaën fut puni, et l'armée n'en tira pas une seule ration de pain.

L'EXPÉDITION sur Valence devait, d'après les instructions données par l'Empereur, marcher de front avec celle d'Andalousie; elle fut confiée au maréchal Moncey, duc de Conégliano. S'il y avait parmi les généraux français un homme propre à rallier les esprits au gouvernement qu'on voulait établir, c'était bien le maréchal Moncey. Ce vieux guerrier était honoré de tous par sa chevalerie, son amour du bien public et son fanatisme de probité. Les Espagnols vénéraient en lui le général qui, ayant envahi en 1795 la Navarre et la Biscaye à la tête d'une armée républicaine, avait marqué des égards constans aux agens du gouvernement, aux grands, aux prêtres, et avait fait que les croix étaient restées debout sur les grands chemins. Depuis le traité de Bâle, toutes les fois que l'Espagne avait été près de l'obligation de donner passage sur son territoire à une armée française, pour aller en Portugal, Charles IV avait demandé que Moncey en eût le commandement. Le maréchal rendait avec usure les sentimens qu'on lui portait. Depuis qu'il avait passé les Pyrénées à la tête du corps d'observation des côtes de l'Océan, il avait protégé le peuple sans cesser d'être le père des soldats. Au 2 mai, il ne s'était montré que pour diminuer le mal et arrêter l'effusion du sang. Si Moncey n'eût pas été Français, il eût voulu être né Espagnol.

Les préparatifs de l'expédition se firent dans les derniers jours du mois de mai. Avant qu'ils fussent achevés, on apprit à Madrid que Valence était en révolution. Déjà le 25 du mois, le peuple, lisant dans les gazettes l'abdication forcée de Ferdinand VII, avait déchiré les proclamations de Murat, détenu un convoi de fonds destiné pour Madrid, et juré de délivrer et venger son Roi prisonnier. Les autorités n'avaient pu se défendre de céder au vœu public. La population active s'enrôlait dans quatre divisions correspondantes aux quatre quartiers de la ville.

Le comte de Cervellon, lieutenant-général, avait été investi du commandement militaire en place du comte de la Conquesta, capitaine-général des royaumes de

Valence et de Murcie, qui ne jouissait pas au même degré de la confiance publique.

La route de Madrid à Valence se partage à Tarancon (petite ville située à trois lieues au-delà du Tage) en deux embranchemens. L'un des deux traverse l'extrémité du plateau de la Manche, dépasse la hauteur de Valence du côté du midi, entre dans les montagnes entre Albacète et Almanza, et passe ensuite le Xucar, près de son embouchure. L'autre embranchement, plus anciennement tracé, s'enfonce plutôt dans la montagne, et, pour cette raison, est plus étroit, et offre moins de facilité pour le passage des voitures. Il laisse à six lieues, à gauche, la ville épiscopale de Cuenca, située sur le Xucar, avec laquelle les communications sont faciles.

Le maréchal Moncey partit de Madrid [1] le 4 juin, emmenant avec lui la première division de son corps d'armée, forte de six mille hom-

[1] Voyez la carte, n° 1.

mes, commandée par le général Musnier de la Converserie, la brigade de cavalerie légère du général Vathier, qui n'avait que huit cents chevaux, un train de seize bouches à feu et cinquante mille rations de biscuit. Deux bataillons des gardes espagnoles et wallonnes, et les trois compagnies des gardes-du-corps du roi d'Espagne devaient le rejoindre en route : on le prévenait que la division Chabran de quatre mille deux cents hommes appartenant au corps d'observation des Pyrénées-Orientales, se portait de Barcelone sur Tortose, où elle serait à sa disposition. Le maréchal avait l'ordre de prendre le chemin de Cuenca. Si, à son arrivée dans cette ville, les troubles de Valence étaient apaisés, il s'y arrêterait et se contenterait d'envoyer à Valence les troupes espagnoles pour renforcer la garnison et surveiller la côte. Si les troubles continuaient, le maréchal enverrait au général Chabran, à Tortose, l'ordre de continuer sa marche, et il combinerait la marche de cette division avec celle de son propre corps de troupes, de manière à se présenter réunis devant les murs de Valence.

Les Français arrivèrent le 11 juin à Cuenca; ils trouvèrent chez les habitans, au lieu de vivres que l'intendant avait l'ordre de faire préparer, un accueil froid et des dispositions voisines de l'insurrection. Les troupes espagnoles de la maison du Roi, qu'on envoyait de Madrid pour renforcer l'armée française, étaient passées en désordre, et par des chemins de traverse, à droite de la ville; elles prirent le chemin de Valence, et les Français s'attendirent à combattre dans les rangs ennemis ceux qui devaient marcher sous leurs drapeaux. Tout annonçait que l'expédition ne s'achèverait pas d'une manière pacifique. Moncey envoya au général Chabran, à Tortose, l'ordre de se porter sur Castellon de la Plana, pour se raccorder ensuite de Requeña avec lui, et marcher en avant de concert. Le maréchal demanda en même temps au grand-duc de Berg qu'une colonne fût dirigée de Madrid sur Albacète pour couvrir sa droite et servir de point d'appui à ses opérations ultérieures.

Les troupes restèrent huit jours à Cuenca. Murat, plein de cette idée qu'il ne cessait d'énoncer, que, depuis le 2 mai, l'Espagne était conquise; que trois mille hommes étaient plus qu'il ne fallait pour éteindre les révoltes des provinces insurgées, et qu'on pouvait se promener seul partout ailleurs, comme dans un pays ami; jugeant que cette marche était trop lente, envoya au maréchal le général de brigade Excelmans et plusieurs officiers, pour l'engager à presser son mouvement et remplir différentes missions de confiance. Excelmans, officier de cavalerie d'un élan remarquable, devait prendre le commandement de l'avant-garde du maréchal, et imprimer aux mouvemens une allure plus déterminée. Lui et ses compagnons étant arrivés le 16 dans le village de Saelices, près de Tarancon, eurent une querelle à la poste avec des paysans, et furent conduits prisonniers à Valence.

Ainsi l'insurrection était en même temps derrière et devant. Les progrès de la marche rendaient chaque jour la chose plus sensible, et certes, en cet endroit la conduite des troupes était loin d'avoir provoqué l'indignation du peuple, car leur général en chef leur faisait observer la discipline, et le soin de la discipline était le principal motif qui lui avait fait ralentir sa marche. Les Français ne trouvèrent point d'alcade à Buenache de Alarcon. Il avait pris la fuite ainsi que les principaux habitans. Au gîte suivant, Motilla del Palancar, l'émigration fut encore plus considérable. A Miglanilla, village qui est déjà dans les montagnes escarpées, dites de las Lacheras, pas un seul habitant ne resta dans sa maison. C'était un signe qu'on était près de combattre.

Cependant la révolution avait pris parmi les Valenciens, hommes inconstans et mobiles, un caractère atroce. Le brigadier des armées, don Fernando Saavedra, fut massacré par la populace sous les yeux du comte de Cervellon, qui fit de vains efforts pour le sauver, et cet assassinat, accompagné de circonstances atroces, fut le signal d'une série de crimes. Il vint de Madrid à Valence un monstre de l'espèce de ceux que vomissent les révolutions les plus généreuses, pour fournir des moyens de récrimination aux ennemis du bien public. Il s'appelait Balthazar Calvo, et était chanoine de Saint-Isidore. Cet homme proclamait les droits du peuple et la vengeance nationale avec une véhémence qui lui concilia l'affection de la multitude. Quarante assassins se groupèrent à ses côtés. Fort de cet appui, Calvo injuria la Junte qui n'avait pas voulu l'admettre dans son sein, lui enleva le pouvoir, et acquit, sous le titre de représentant du peuple et de Ferdinand VII, un tel pouvoir que l'intendant lui rendait des comptes; que les chefs militaires recevaient ses ordres, et que l'archevêque lui-même était forcé de lui donner les signes extérieurs de la considération.

Plus de deux cents Français négocians et établis depuis long-temps à Valence, étaient enfermés depuis le commencement de l'insurrection dans la citadelle. Calvo leur fit dire qu'on voulait les assassiner et qu'ils n'avaient d'autre parti à prendre, pour éviter la mort, que de s'enfuir. Pendant qu'ils s'y préparaient, le monstre répand le bruit que les prisonniers cherchent à se sauver. Puis il accourt avec ses sicaires, s'empare facilement de la citadelle gardée par un détachement d'invalides, ordonne de charger les canons et les fait pointer sur la ville. C'était le soir du 5 juin, jour de la Pentecôte. Les magistrats, le capitaine-général, la force armée accourent pour rétablir l'ordre. Les communautés religieuses apportent les images de la Vierge et le Saint-Sacrement au milieu des assassins, espérant que leur fureur s'arrêtera. Tout fut inutile. Les malheureux Français furent massacrés par ceux même qui depuis longues années avaient habité avec eux, et peut-être même vécu de leur bienfaisance. Quelques-uns, que des Espagnols charitables avaient soustraits à cette Saint-Barthélemy, trouvèrent le lendemain, près de la place des Taureaux, une mort plus cruelle encore que celle de leurs compagnons, parce qu'elle se fit attendre plus long-temps.

Alors Balthazar Calvo, au nom de Ferdinand VII et avec le titre usurpé de représentant du peuple, s'érige en souverain de Valence; il mande en sa présence le capitaine-général, et le menace de mort en cas de désobéissance; il force l'intendant à lui donner de l'argent; il ne craint pas d'adresser à l'archevêque des messages insolens. Par son ordre, une Junte va être organisée pour remplacer l'ancienne qu'il vient d'abolir.

Mais les magistrats opprimés et menacés reprirent courage; ils trouvèrent le moyen de faire sortir le tyran de la citadelle où il donnait ses ordres. Pour la première fois, on osa lui reprocher ses crimes. Calvo fut arrêté, et afin que la populace, dont la fureur était neutralisée, ne tentât pas de le délivrer, on l'envoya dans une prison de l'île de Mayorque, appelée la Tour-de-l'Ange. Pendant qu'il était détenu, la Junte fit son procès. Le Robespierre de Valence fut condamné, à l'unanimité des voix, à être étranglé. Après le supplice, on rapporta son cadavre dans la ville où il avait commis tant d'atrocités, et on l'exposa sur la place de Saint-Dominique, en face de la citadelle, avec une inscription qui disait : *Traître à la patrie et chef d'assassins.*

Il est rare que les convulsions populaires, quelque atroces qu'elles puissent être, nuisent à la défense de la cité : tout au contraire, les passions exaltées se tournent ordinairement avec plus de violence contre l'attaque des ennemis extérieurs. Lorsqu'on apprit à Valence que les Français avaient passé le Tage, l'ardeur belliqueuse des habitans prit un nouvel essor ; on pensa à défendre, non-seulement la ville, mais le pays tout entier; on fortifia les défilés par lesquels on va en Catalogne. Des troupes furent envoyées à Almanza, pour, conjointement avec celles de Murcie, envoyer des avant-postes sur Chinchilla et Albacète. Les plus sérieuses dispositions de défense furent faites dans les défilés de la Castille par où on savait que le maréchal Moncey se dirigeait.

Deux ou trois mille paysans armés, appuyés par un corps de sept à huit cents soldats de ligne suisses, attendaient l'ennemi au pont de Pajazo, derrière le Cabriel. Ils fondaient leur espoir de défense sur un peu de terre remuée, en guise de tête de pont, et sur quatre canons dont ils espéraient faire usage, tandis que leur ennemi ne pourrait pas en amener. Le Cabriel coule dans un vallon enfoncé entre des montagnes. La route n'est en cet endroit qu'un sentier tortueux, et en partie roide, aboutissant près de la Venta de los Contreros, au pont de

Pajazo, qui est construit en pierre comme presque tous les ponts d'Espagne, et n'a qu'une seule arche.

Les Français furent en présence le 21 au matin. L'artillerie eut des obstacles à surmonter pour arriver sur le terrain. Le général de brigade Couin, commandant de cette arme, parvint cependant à amener dans les rochers deux pièces de 8 et un obusier, qui battirent les derrières du pont. Dès que le feu fut ouvert, le maréchal lança deux bataillons en colonne sur la tête de pont, pendant qu'un détachement d'infanterie passait le Cabriel à gué. Les Espagnols furent forcés; ils se replièrent avec perte de trois pièces de canon, vingt hommes tués et dix-huit prisonniers, sur la position de Cabrillas, où leur armée était retranchée. Les Français perdirent neuf hommes tués ou blessés. Deux cent trente-trois Suisses ou gardes-espagnoles passèrent dans le camp du vainqueur.

La masse de montagnes calcaires connues sous le nom de *Cabrillas*, à cause du grand nombre de chèvres (*cabras*) qui y paissent, forme comme un rempart épais qui borde à l'ouest le royaume de Valence. Il n'y a qu'un chemin par lequel il soit possible de traîner le canon, et ce chemin, entaillé dans le roc, gravit et descend alternativement en pentes très-roides. L'armée valencienne s'était retranchée sur le passage principal, entre Siete-Aguas et la Venta de Buñol. Il y avait des lambeaux des gardes-espagnoles, du régiment d'America, des dragons de Numance et des régimens suisses de Reding n° 2 et de Prœux, formant un total de deux mille hommes accourus des environs de Madrid un à un ou par détachemens. Le reste consistait en sept ou huit mille hommes de nouvelles levées, non encore vêtus de l'uniforme. Douze pièces de canon défendaient la position. Ce rassemblement de troupes était sous les ordres de don Josef Caro, homme de cœur et de résolution, dont le nom était cher aux habitans du pays, à cause de don Venturo Caro, son oncle, commandant, en 1795, contre les Français, et mort depuis peu capitaine-général des armées.

Avec de pareils ennemis, le plus difficile, pour des troupes aguerries, était d'arriver jusqu'à eux. Les Français passèrent par Utiel, laissant à gauche la ville de Requeña qui envoya sa soumission. On mit trois jours à faire venir l'artillerie du pont de Pajazo. Le 24, à midi, elle arriva à la Venta-Quemada. Le seul point par lequel on pût déboucher était plongé par une nuée de tirailleurs qui, du haut des crêtes, faisaient un feu très-vif. Le maréchal Moncey, dès qu'il aperçut le gros des ennemis, se détermina à les tourner; il détacha par sa gauche, sur la Sierra de los Ajos, qui domine du côté du nord le défilé de las Cabrillas, plusieurs compagnies d'élite qu'il mit sous les ordres du général de brigade Harispe, son chef d'état-major. Cette colonne escalada la montagne, repoussa les insurgés de rochers en rochers dans un espace de trois lieues, leur prit deux canons et un drapeau. Dès que son mouvement fut prononcé, le maréchal attaqua le défilé de front. Les Espagnols s'enfuirent en laissant sur le terrain tous leurs canons, leur bagage, cent morts et plus de cinq cents prisonniers. La perte des Français ne s'éleva pas à cinquante hommes tués ou blessés.

Les Français venaient de parcourir, au plus chaud de l'été, les plaines stériles et les montagnes arides et décharnées de la Vieille-Castille. Tout-à-coup, du haut des Cabrillas, se déploya devant eux le spectacle des campagnes luxuriantes de verdure et de richesse que les Espagnols, dans leur juste enthousiasme, appellent le jardin de Valence (*huerta de Valencia*). Les Israélites, sortant du désert et entrant dans la Terre promise, n'éprouvèrent pas une plus vive sensation de joie. Rien ne paraissait devoir s'opposer à l'entrée des troupes dans Valence. L'armée battue avait disparu tout entière, à l'exception d'un bataillon suisse, qui, peu soigneux de conserver le renom de fidélité acquis aux hommes de son pays, passa des rangs des vaincus dans le camp du vainqueur. Constant dans sa bienveillance envers les Espagnols, Moncey renvoya dans leurs foyers les prisonniers qui ne portaient pas d'uniforme. Il invita le comte de la Conquesta, capitaine-général, et le comte de Cervellon, commandant les troupes, à le recevoir en ami, protestant de son désir de rétablir l'ordre et la tranquillité publique.

Il n'y a que sept lieues de Portillo de Cabrillas à Valence. C'était le cas de les franchir rapidement et d'entrer dans la ville avec les fuyards; mais l'artillerie ne pouvait pas suivre : les voitures étaient brisées et avaient épuisé leurs rechanges. Le corps d'armée passa la journée du 25 à la Venta de Buñol, en attendant que les voitures le rejoignissent. Le 26, il bivouaqua en avant de Chiva. Le 27 seulement il se mit en marche, avec l'espoir d'atteindre ce jour-là au but de ses travaux.

Valence a cent mille ames de population. Elle a une vieille enceinte en maçonnerie peu élevée, mais épaisse, bien conservée et flanquée de tours. La citadelle, petite et mal fortifiée, ne peut servir à rien pour la défense. Les faubourgs et les maisons de campagne s'étendent de partout jusqu'au pied des murs, de sorte qu'à une certaine distance on croit avoir sous les yeux une des plus grandes villes du monde.

Aussitôt que l'on sut à Valence la déroute de las Cabrillas, la Junte fit proclamer que les habitans de tout âge et de tout rang eussent à se rendre à la citadelle pour recevoir des armes. A ceux qui ne purent pas avoir des fusils, on donna des armes blanches, et même des lames d'épée dépourvues de poignées. On tira de la citadelle de gros canons que l'on plaça contre la muraille. La plus forte batterie fut établie à la porte de Quarte, par laquelle les Français devaient arriver. On se mit à barricader les rues avec du bois de charpente et des décombres. On introduisit l'eau dans les fossés de la ville, et même on eut le temps de creuser des fossés en travers des grands chemins pour empêcher l'action de la cavalerie.

Les Français rencontrèrent, à une lieue et demie de Valence, les débris du corps qu'ils avaient combattu à las Cabrillas. Don Josef Caro s'était posté sur le bord d'un canal qui fait communiquer les eaux du Guadalaviar avec la Fera. Il tenait en force les écluses, et battait avec deux pièces de canon le pont coupé de la grande route, tandis qu'une nuée de paysans, blottis dans les chenevières et derrière les arbres dont la plaine est couverte, harcelait, par un feu très-nourri de tirailleurs, la marche des Français. Le maréchal fit avancer son artillerie et forma plusieurs colonnes d'attaque. En moins d'une heure, le canal fut franchi et la ligne ennemie forcée. On prit cinq pièces de canon et un drapeau. Le pont était rétabli : on fut maître du village de Quarte.

Le 28, dès la pointe du jour, les Français continuèrent leur marche, constamment harcelés par le feu des paysans. Ils n'eurent pas de peine à rejeter dans la ville ce qui était dehors. Les habitans, sommés d'ouvrir les portes, répondirent qu'ils étaient déterminés à s'ensevelir sous les ruines de leur patrie. C'était la volonté du peuple; l'archevêque, le capitaine-général, les grands et les riches ne pouvaient faire autrement que de s'y conformer.

A trois heures après midi, les troupes se massèrent derrière les enclos et les plantations, et formèrent, à demi-portée de canon des portes de Saint-Joseph et de Quarte, des colonnes d'attaque par échelons. Deux batteries dirigent leur feu sur ces deux points. Quatre compagnies de voltigeurs embrassent le front d'opération pour attirer et éparpiller l'attention de l'ennemi. A un signal convenu, les colonnes s'élancent avec l'impétuosité française. Déjà les plus braves sont au pied des murailles. Les uns enfoncent la porte de Quarte; mais ils trouvent derrière un barrage nouvellement construit. Ils cherchent à saisir les pièces de ce barrage; les chevaux de frise sont remplacés aussitôt qu'on les arrache. A l'attaque de Saint-Joseph, les fossés pleins d'eau sont trop profonds pour qu'on puisse les passer autrement qu'à la nage. Que pouvaient contre des obstacles matériels de cette nature des troupes, quelque bien animées qu'elles fussent?

Les Valenciens non plus ne manquèrent ni de valeur ni de discipline. Ils obéirent avec calme aux ordres que donnaient les chefs militaires et les magistrats. Leur artillerie vomissant la mitraille, et leur mousqueterie dirigée des remparts, des toits, des clochers, emportaient des rangs entiers d'assaillans. Ce ne fut bientôt, aux approches des deux portes, qu'un monceau de morts et de blessés. L'artillerie de l'attaque fut en partie démontée par le feu supérieur, quant au calibre, au nombre et à l'emplacement des pièces de l'artillerie de défense. Cependant les Français ne perdirent pas de terrain tant que le soleil resta sur l'horizon.

A la nuit, la retraite se fit en bon ordre, et on se réunit dans le camp de la veille, entre Mislata et Quarte. Le corps d'armée venait de perdre près de deux mille hommes tués ou blessés. Au nombre des premiers se trouvaient le major Blanc, commandant le troisième régiment provisoire, le chef de bataillon Dumont, et plusieurs officiers. Parmi les derniers se trouvait le général du génie Cazal. Les Espagnols, au contraire, ayant tiré toujours embusqués, avaient perdu peu de monde. Il ne restait pas à Moncey cinq mille cinq cents hommes en état de combattre. Il était surchargé d'ambulances, de parcs d'équipages. L'infanterie avait consommé beaucoup de munitions, et l'artillerie en manquait. Les communications avec Madrid étaient perdues depuis plus de quinze jours. On savait que l'insurrection était à Cuenca et partout sur les derrières. On n'avait pas de nouvelles de la division Chabran, et il paraissait probable que pas un des messages qu'on lui avait adressés n'était parvenu. L'affaire de Valence n'était pas une affaire d'hommes, mais une affaire d'artillerie. Il y aurait pour le succès d'une seconde attaque de Valence moins de chances que pour la première, puisque le nombre des assaillans était diminué et le moral des défenseurs renforcé; et, réussît-elle, que deviendront cinq mille hommes jetés, à soixante lieues de Madrid, au milieu d'ennemis agglomérés, et sans être appuyés en arrière?

Moncey eut un instant le projet de passer le Guadalaviar, d'aller chercher Chabran en Catalogne, et de revenir avec lui prendre Valence; mais en réfléchissant que ce général n'était probablement pas arrivé à Tortose, il se décida à faire une retraite pure et simple; et pour éviter les énormes difficultés du chemin par lequel il était venu, il résolut de prendre la route d'Almanza. En conséquence, et pour laisser les Valenciens incertains du mouvement qu'il allait faire, il prit, le 29 au soir, position entre Quarte et Torrente.

Le 30, on apprit que le comte de Cervellon s'était mis à la tête d'un corps disposé à empêcher les Français de repasser le Xucar. La nuit suivante l'armée décampa. Elle arriva le 1er juillet au matin aux environs d'Albergea. Les Espagnols, au nombre de six mille, la plupart paysans armés, étaient avec deux pièces de douze derrière le Xucar, et tenaient à la rive gauche une espèce d'avant-garde. Les hussards français la mirent en fuite; mais il fallait passer la rivière : le pont était coupé. On s'étendit sur la droite pour trouver un gué, et on ouvrit les écluses du canal de dérivation dit Acequia del Rey, afin de rendre le passage plus facile. On se canonnait d'une rive à l'autre. Dès qu'on eut trouvé le gué, la cavalerie s'y précipita; l'infanterie suivit. Une partie du corps espagnol s'enfuit en désordre vers Alcira. Le reste, avec les deux canons, se retira par la grande route. Les habitans du pays dirent que Cervellon se proposait de défendre le Puerto d'Almanza, et que du royaume de Murcie, qui était derrière, il arrivait des renforts pour défendre le passage.

Les Français prirent position le 2, dans la nuit, au pied du Puerto. Le lendemain, ils marchèrent à l'ennemi. Deux ou trois mille échappés du Xucar qui se trouvaient là firent une faible résistance. Ils abandonnèrent leurs canons et se dispersèrent. Le corps du maréchal Moncey passa la journée dans la ville d'Almanza, célèbre par la victoire que remporta, en 1707, le maréchal de Berwick, à la tête des troupes françaises et espagnoles, sur l'armée combinée des Anglais, des Portugais et des Allemands.

Moncey continua, sans être inquiété, sa marche sur Albacète, ville de huit mille ames, située à la bifurcation de la grande route de Madrid à Valence et à Murcie. C'était le point que le maréchal avait indiqué de Cuenca comme celui sur lequel on devait diriger de Madrid les renforts destinés à appuyer son mouvement par la droite. Il apprit, en y arrivant, que des corps de troupes françaises s'étaient montrés à Cuenca et à Yniesta.

LIVRE CINQUIÈME.

INVASION DE L'ESPAGNE.

SOMMAIRE.

Le corps d'armée des Pyrénées-Occidentales entre en opération. — Le maréchal Bessières envoie la division Verdier contre Logroño soulevée. — Ordre de l'Empereur pour apaiser la révolte de Santander. — Marche du général Merle. — Il reçoit contre-ordre. — Valladolid insurgée. — Le général Lasalle se porte sur Valladolid. — Torrequemada saccagée et brûlée. — Le général espagnol Cuesta défend la position de Cabezon. — Les divisions Merle et Lasalle se réunissent à Dueñas. — Attaque du pont de Cabezon et déroute des Espagnols. — Soumission de Valladolid. — Le maréchal Bessières fait marcher de nouveau sur Santander. — Les généraux Merle et Ducos dispersent l'ennemi et entrent dans Santander. — Effet que produit le 2 mai en Aragon. — Sarragoce se lève. — Le peuple proclame Palafox capitaine-général. — Formation de l'armée d'Aragon. — Le général Lefebvre-Desnouettes marche sur Sarragoce. — Combat de Tudela. — Passage du Xalon. — Combat devant Sarragoce. — Détermination prise de défendre Sarragoce. — Investissement de la place. — Insurrection de la Galice. — L'armée de Galice se forme à Lugo. — Blake, général en chef. — Réunion des forces de Blake et Cuesta. — Le maréchal Bessières concentre son corps d'armée. — Arrivée de la division Mouton. — Les généraux Blake et Cuesta prennent position à Medina de Rio-Seco. — Bataille de Medina de Rio-Seco. — Retraite de l'ennemi sur la route de Benavente. — L'armée française reçoit des renforts. — Siége de Sarragoce. — Prise d'assaut du couvent de Saint-Joseph. — Arrivée du colonel Lacoste, aide-de-camp de l'Empereur. — Prise du couvent de Santa-Ingracia. — Ordre du roi Joseph de lever le siége. — L'armée française se retire sur Tudela. — Réflexion.

LIVRE CINQUIÈME.

❀

INVASION DE L'ESPAGNE.

❀

L'INSURRECTION était d'autant plus redoutable, qu'elle attaquait de plus près la base sur laquelle les Français opéraient en Espagne. Les soulèvemens de l'Andalousie et du royaume de Valence ne pouvaient qu'arrêter leurs progrès, tout au plus combattre leur avant-garde et les acculer sur les forces échelonnées en arrière. Des succès obtenus par l'insurrection en Vieille-Castille, dans les Asturies, en Aragon, en Biscaye et en Navarre, fermaient aux vaincus les défilés des Pyrénées, et transformaient pour eux en un tombeau la noble contrée que leur chef ambitieux avait considérée comme une proie si facile.

Le corps d'armée des Pyrénées-Occidentales fut chargé d'étouffer ce qu'on appelait la révolte dans le rayon d'activité de ses troupes, sur tous les points où les colonnes pouvaient aller, agir et frapper, sans craindre que leur retour fût empêché. Le maréchal Bessières dirigeait les mouvemens, et se tenait à son quartier-général de Burgos, prêt à se porter avec sa réserve, composée du régiment des fusiliers de la garde.

La Rioja, une des provinces les plus fertiles et les plus peuplées de l'Espagne, était soulevée. Calahorra et Logroño étaient les principaux foyers de la rébellion. Des hommes ardens, et parmi eux un tailleur de pierre, avaient formé une Junte; ils avaient éloigné du pouvoir les magistrats et les propriétaires timides. Le général Verdier partit de Vitoria le 2 juin, avec deux bataillons et cent cinquante chevaux. Il investit Logroño le 6. Les Espagnols furent mis en déroute, avant que les troupes françaises eussent eu le temps de les attaquer. On entra dans la ville; on prit six mauvaises pièces de canon, que les paysans avaient déterrées et montées, et dont ils ne savaient pas se servir. Verdier fit quelques exemples, rétablit les autorités et rentra à Vitoria.

Pour tenir Vitoria pendant l'absence des troupes françaises, on avait rappelé dans cette ville deux faibles régimens portugais. L'esprit qui animait les soldats de cette nation, leurs désertions continuelles, le mécontentement que ne dissimulait pas assez l'adresse des chefs, prouvèrent aux Français qu'ils ne pouvaient pas compter sur eux, que si l'on retenait en Espagne de pareilles troupes, on ne pouvait les employer que pressées entre des bataillons français, et qu'il fallait se garder de leur confier des postes isolés.

Le mouvement insurrectionnel de la province de Santander devait alarmer l'Empereur; il n'ignorait pas qu'il y avait des armemens et des rassemblemens de troupes dans les ports de l'Angleterre. Le ministère britannique cherchait en Espagne le point où les Français seraient le plus facilement et le plus profondément vulnérables. Les Asturies et les provinces de montagnes présentaient des chances séduisantes. On avait envoyé des officiers anglais explorer le pays et agiter l'opinion. Les ports de Santander et de Santoña présentent des asiles excellens pour les flottes. Une épaisse chaîne de hautes montagnes sépare cette province de celle de Burgos. La grande route de Santander à Burgos, par Reynosa, est praticable pour les voitures. Une fois parvenu à Reynosa, la Castille est ouverte. Une population active, laborieuse, ne demandait que des secours et des armes. L'évêque de Santander, don Rafael Mendez de Luarca [1],

[1] Riche comme tous les évêques d'Espagne, il ne dépensait pas 300 piastres par an pour lui. Homme saint, sévère à lui-même, révéré de tous.

s'était mis à la tête des révoltés. Sous les étendards d'un pareil chef, paysans, prêtres, nobles, tous devinrent soldats de la patrie.

Non content d'avoir soulevé la province, l'évêque de Santander jeta des partis de l'autre côté des montagnes, pour propager l'insurrection. Bientôt les avant-postes des Espagnols eurent dépassé Reynosa. Ils retranchèrent et garnirent de canons les défilés de la Hoz, sur la grande route; ils mirent en état de défense la Venta del Puerto del Escudo, un des passages principaux de la grande chaîne de montagnes, sur l'autre chemin de Burgos à Santander, par Trambas Mestas et Vargas. Ils établirent aussi des canons au Puerto de las Tomos, sur la route de Santoña à Burgos, entre la Nestosa et Espinosa de los Monteros.

L'Empereur ordonna d'envoyer à Santander un corps de troupes assez considérable pour faire rentrer la province dans l'ordre, et pour l'occuper ensuite militairement.

Le général de division Merle partit le 2 juin de Burgos, avec six bataillons, deux cents chevaux, huit bouches à feu et huit jours de biscuit. Il arriva le 5 à Reynosa. Les Espagnols ne l'avaient pas attendu. Leur avant-garde, qui était venue jusqu'à Canduela avec quatre pièces de canon, se retira à l'approche des Français, et traversa rapidement Reynosa, après avoir enlevé l'argent des caisses publiques et les vivres qu'ils avaient amassés.

Le général Merle se préparait à continuer son mouvement sur Santander; il reçut l'ordre de s'arrêter. Valladolid était insurgé. Une masse nombreuse de paysans avait pris les armes. Quelques soldats de troupes de ligne, le régiment de la Reine cavalerie formaient le noyau de l'armée. Le capitaine-général de la province avait résisté quelque temps au mouvement, et avait dû ensuite le diriger, afin de ne pas en être victime. Valladolid est la ville la plus importante du nord de l'Espagne. Valladolid a une population de vingt-cinq mille ames. Une cathédrale, quinze paroisses, cinq succursales, quarante-six couvens, vingt-sept établissemens de charité et d'instruction confiés au clergé, indiquent assez l'énorme influence de ce corps. On y pourrait lever un régiment de prêtres. Cette ville est la résidence du capitaine-général de la Vieille-Castille et de la chancellerie, première cour de justice de la monarchie. Vingt-cinq mille habitans sont parsemés dans une enceinte qui en renfermait autrefois cent mille. Le vide est rempli par les souvenirs. L'insurrection, gagnant de proche en proche, enveloppait Burgos et coupait la communication avec Madrid. Le maréchal Bessières jugea que le mal était plus urgent de ce côté que vers Santander, et qu'il fallait ajourner cette dernière expédition.

Le général de division Lasalle reçut l'ordre de marcher sur Valladolid avec quatre bataillons, sept cents chevaux du 10e de hussards et du 22e de chasseurs à cheval et six pièces de canon. Le 5 juin, il partit de Burgos; le 6, au soir, il arriva devant Torrequemada. Cette grande bourgade est située sur la rive droite de la Pisuerga. La rive gauche est découverte et dominée. On passe la Pisuerga sur un pont de pierre long de quatre cents toises. Cinq cents paysans armés occupaient les maisons et l'église de Torrequemada. Ils avaient barré le pont avec des chaînes et des charrettes. L'avant-garde du général Lasalle, composée d'une compagnie de voltigeurs et de cinquante chevaux, ne fut pas arrêtée par le feu incertain et mal dirigé des paysans. L'infanterie se précipita sur le pont au pas de course, brisa le barrage, jeta les charrettes dans la rivière, et enleva la bourgade. Les paysans prirent la fuite. La cavalerie en sabra un grand nombre. Les Français eurent deux blessés. Torrequemada fut saccagée et brûlée.

Les usages de la guerre autorisaient ce traitement cruel : peut-être était-il nécessaire de déployer au commencement une rigueur salutaire, pour arrêter le mal dans sa source. Dans ces guerres contre les populations armées, la fureur du soldat est toujours entraînée au-delà de la volonté du général. Autant il est disposé à la générosité envers ceux qui font le même métier que lui, autant il est cruel pour les paysans armés : ce n'est pas un sentiment aveugle qui l'anime, c'est au contraire une appréciation exacte de la disparité des moyens, de l'espèce de trahison, et du sort affreux qu'une pareille situation lui prépare. Il est difficile, pour ne pas dire impossible, de maintenir la discipline contre de pareilles résistances. La destruction de Torrequemada fut un malheur pour l'armée française. Cette ville était importante, à cause du pont de la Pisuerga; elle devait être occupée longtemps. En la détruisant, les Français se sont privés, pendant toute la guerre, des ressources qu'elle leur eût procurées. A la guerre plus encore que dans la vie commune, le mal retombe le plus souvent sur ses auteurs. Quand la morale ne défendrait pas des crimes inutiles, il faudrait encore les empêcher, dans l'intérêt de ceux que l'ignorance et la passion portent à les commettre. A la guerre, les crimes sont presque toujours des fautes.

Le 7, les troupes du général Lasalle arrivèrent à Palencia. Le sac et l'incendie de Torrequemada avaient porté la terreur dans cette ville. Trois ou quatre mille Espagnols, commandés par le maréchal-de-camp don Diégo Tordesillas, se hâtèrent de prendre le chemin de Léon. L'évêque de Palencia demanda grâce pour sa ville. Plusieurs officiers et soldats français, arrêtés au moment de l'insurrection, avaient été arrachés par le clergé à la fureur du peuple. Les Français entrèrent dans la ville en amis; ils désarmèrent les habitans de la province.

Le général espagnol Cuesta occupait l'excellente position de Cabezon, à deux lieues de Valladolid. Il avait réuni sur ce point cinq ou six mille paysans armés et un millier de soldats, dont quelques gardes-du-corps, un détachement de trois cents cavaliers du régiment de la Reine cavalerie. Quelques hommes échappés au désastre de Ségovie avaient grossi son corps d'armée. Au lieu de détruire ou au moins de barrer le pont sur la Pisuerga et de prendre position à la rive gauche, le général Cuesta avait établi ses troupes sur la rive droite, ayant par conséquent le défilé à dos. Quatre pièces de canon défendaient le passage du pont. On peut assurer qu'avec une disposition pareille les meilleures troupes auraient été battues. Que ne devaient pas redouter des hommes sans expérience, et qui n'avaient d'autre talent que leur dévouement et leur patriotisme!

Le maréchal Bessières, voulant écraser l'insurrection, et jugeant que Valladolid était le principal foyer, ne voulut pas faire une demi-opération. La division du général Merle reçut l'ordre de quitter Reynosa, et de venir appuyer les opérations du général Lasalle. En attendant les renforts, celui-ci envoya au général Cuesta l'invitation de mettre bas les armes, et aux autorités civiles de Valladolid la sommation de reconnaître l'autorité française, avec la promesse de traiter les habitans avec clémence : les deux lettres restèrent sans réponse. Ceux qui les portaient furent maltraités. Peut-être auraient-ils péri, si on n'avait pas eu soin de choisir des ecclésiastiques pour remplir cette mission.

Le 11, les deux divisions françaises se réunissent à Dueñas, petite ville située à six lieues de Valladolid, au-dessous de la jonction du Carrion avec la Pisuerga. Les généraux arrêtent le plan d'attaque de la position de Cabezon. Il est convenu que la division du général Lasalle marchera par la grande route de Valladolid, et attaquera les Espagnols de front;

que la division du général Merle se portera sur Cigalès, Fuensaldaña et Zaratas, afin de leur couper le chemin de Léon. Les dispositions du général Cuesta, sur la rive droite de la Pisuerga, devant Cabezon, autorisaient à supposer qu'il avait le projet de faire retraite vers cette ville.

Le 12, à six heures du matin, les deux divisions se mirent en marche, chacune dans la direction convenue. Un avant-poste de cinquante chevaux espagnols, placé à la Venta de Trigueros, se replia à l'approche des troupes françaises. Le général Lasalle déploie sa cavalerie, et la fait avancer en bataille sur le plateau qui est à droite de la route. L'infanterie est formée en deux colonnes, dont l'une marche droit vers le pont, tandis que l'autre s'avance à couvert le long de la Pisuerga, masquée par le couvent de Palazuelos. Le feu des tirailleurs s'engage. Six pièces de canon se mettent en batterie devant le pont de Cabezon, et l'enfilent dans toute sa longueur. L'artillerie espagnole, mal outillée et mal servie, répond faiblement au feu de l'artillerie française. Le chef d'escadron Wattiez, à la tête de cinquante chevaux, et soutenu par un bataillon, se prépare à charger les pièces. Les Espagnols s'en aperçoivent, s'ébranlent et prennent la fuite. Ceux qui étaient sur la rive droite de la Pisuerga repassent le pont en désordre. Vingt chasseurs à cheval du 22e traversent cette foule, vont au pont, et enlèvent les quatre pièces de canon, après avoir sabré les canonniers sur leurs pièces. Le mouvement est suivi par l'infanterie. Les voltigeurs accourent presque aussi vite que les chevaux. Les Espagnols essaient encore une faible résistance sur les hauteurs en arrière de Cabezon. On les attaque. Leur cavalerie prend la fuite; cinq ou six cents paysans sont sabrés. Il s'en était déjà noyé un grand nombre dans la Pisuerga. Outre les quatre pièces de canon, quatre mille fusils restent sur le champ de bataille.

Aux premiers coups de fusil, la division du

général Merle quitta la route de Cigalès, où il n'y avait pas d'ennemis, fit tête de colonne à gauche, rejoignit la division du général Lasalle, et prit part à la poursuite des Espagnols.

Cette action, conduite avec résolution et audace, coûta aux Français douze hommes tués et trente blessés. La position de Cabezon attaquée de front, et défendue par de bonnes troupes, eût été inexpugnable. Mais les levées de l'insurrection étaient impuissantes contre des troupes régulières. Bien insensés étaient ceux qui arguaient de cette infériorité reconnue, pour en conclure que la conquête de l'Espagne était facile.

Les généraux français arrêtèrent leurs troupes à une lieue de Valladolid. Ils ne voulaient pas que la chaleur de la poursuite donnât lieu au pillage de cette ville. Le maréchal Bessières leur avait recommandé de traiter avec générosité les officiers et les soldats des troupes réglées, et surtout d'épargner Valladolid.

L'exemple de Torrequemada suffisait pour imprimer un effroi salutaire.

A quatre heures du soir, les principaux habitans de Valladolid, ayant à leur tête l'évêque et les membres de la chancellerie, vinrent au-devant du vainqueur, mettant eux et leurs concitoyens à sa discrétion. Les troupes françaises prirent possession de la ville.

Les journées du 13, du 14 et du 15 furent employées à enlever de l'arsenal les canons, les fusils et les munitions qu'on y trouva, à désarmer les habitans, et à diriger sur Burgos cinquante otages pris parmi les hommes les plus influens par leur naissance, leurs emplois, leur caractère ou leurs richesses.

Ni la rigueur ni la clémence ne servaient à rien. La proclamation de Joseph Napoléon, roi d'Espagne et des Indes, ne pouvait pas améliorer l'opinion. Partout où les armes françaises se portaient, les généraux forçaient les membres des autorités à prêter serment au nouveau roi. Les villes lui envoyaient des députations; le clergé chantait des *Te Deum;* les insurgés étaient battus, mais non l'insurrection. On dut bientôt étendre à toutes les provinces du nord de l'Espagne la mesure du désarmement. Elle acheva d'irriter des hommes fiers. Les soldats du régiment de *Calatrava*, en garnison à Burgos, désertaient tous les jours; il fallut le dissoudre. Les routes devenaient moins sûres. Des soldats isolés, des porteurs de dépêches étaient assassinés. Le maréchal Bessières dut prendre des mesures civiles de police. Les moines, les curés, les alcades furent rendus responsables de désordres qu'ils n'avaient pas, le plus souvent, le pouvoir de prévenir ou d'empêcher.

L'EXPÉDITION de Santander n'avait été que retardée par le mouvement sur Valladolid. Le maréchal Bessières donna des ordres pour la reprendre. Les insurgés étaient revenus en grand nombre à Reynosa. Ils avaient poussé des troupes jusqu'à Aguilar de Campo et Herrera.

Le 16, le général de division Lasalle évacua Valladolid, et vint prendre poste à Palencia, derrière le Carrion. Il fut chargé de couvrir Burgos avec deux bataillons, deux régimens de cavalerie et quatre pièces de canon. Il eut pour instruction d'avoir l'œil ouvert sur Benavente et Medina de Rio-Seco, où le général Cuesta s'était retiré après le désastre de Valladolid; de conserver sa communication avec le général Merle, qui se portait à Santander; et, dans le cas où l'ennemi se présenterait, de se retirer sans combattre.

Le général de division Merle partit le 15 de Valladolid, et arriva le 20 à Reynosa, sans avoir éprouvé de résistance. Il avait avec lui dix bataillons, cent chevaux et dix pièces de canon.

Le général de brigade Ducos partit le 16 de Miranda del Ebro avec quatre bataillons et cinquante chevaux. Il se dirigea par Frias et Soncillo. Le 20, il arriva au pied du Puerto del Escudo.

Les insurgés espagnols attendaient les Français. Ils étaient préparés à défendre la Venta del Escudo. Leurs masses étaient disposées sur les montagnes et dans les défilés continuels où passe la grande route entre Reynosa et Barcena de Pic de Concha. Huit cents hommes, avec deux pièces de canon de 18, étaient postés près de Lantueno. Un autre corps de la même force était posté au coude de la grande route, entre Pesquera et la Venta de Bierna.

Le général Merle laissa son canon à Reynosa, sous la garde de deux bataillons. Il ne pouvait que l'embarrasser dans la marche qu'il allait faire. Le 21, à la pointe du jour, il mit le reste de ses troupes en mouvement. Deux colonnes, de trois bataillons chacune, gravirent les montagnes de droite et de gauche, et suivirent les crêtes. Le général marcha avec deux bataillons par la grande route. Arrivé à

Lantueno, il essuya quelques coups de canon et de fusil. On battit la charge. Les deux pièces de 18 furent prises. Les Espagnols s'enfuirent. Les colonnes des ailes culbutèrent tout ce qui se présenta à elles. Cinq compagnies détachées en tirailleurs suffirent pour mettre en déroute le corps d'insurgés posté près de la Venta de Bierna. Les trois colonnes françaises se réunirent le soir à Barcena de Pic de Concha.

Le même jour, le général Ducos emporta la forte position du Puerto del Escudo, où il y avait deux mille insurgés et quatre pièces de canon.

Le 22, le général Merle continua à marcher sur trois colonnes. Entre las Fraguas et Somahoz, le chemin est creusé dans le rocher pendant l'espace d'un quart de lieue; d'un côté s'élève une montagne à pic, de l'autre s'abaisse un précipice, au fond duquel coule le Besaya. Les Espagnols avaient barré le défilé par un énorme abattis de deux cents pieds de profondeur. Deux pièces de 4 et un corps de troupes étaient placés en arrière pour le défendre. Les Espagnols, voyant les progrès que faisaient les colonnes de droite et de gauche sur leurs flancs et derrière eux, n'attendirent pas une attaque de front. Ils se retirèrent en grande hâte pendant que les Français détruisaient l'abattis. Le général Merle réunit ses troupes à Somahoz, et les conduisit le même jour à Torre-Lavega.

Le 23, il entra dans Santander. La brigade du général Ducos arrivait en même temps dans cette ville par le chemin de Puerto del Escudo et Trambas Mestas.

L'évêque de Santander et la Junte insurrectionnelle s'étaient sauvés dans les Asturies. Le vaisseau de guerre anglais *le Cosaque*, qui avait paru devant la rade deux jours auparavant, débarqua un détachement pour faire sauter et enclouer les pièces de canon qui défendaient l'entrée du port. L'avant-garde française le força à se rembarquer. Sans qu'il y eût eu de sang répandu, le corps de l'insurrection était dissous.

La journée du 2 mai avait retenti dans l'Aragon [1]. Les Aragonais, long-temps ennemis des Castillans, et toujours leurs rivaux, luttèrent avec eux d'amour pour la patrie et de fidélité à leur prince malheureux. Ils s'étaient honorés, au commencement du dix-huitième siècle en combattant contre les Bourbons; ils se sont immortalisés au commencement du dix-neuvième en combattant pour eux. Sarragoce se leva. Des chefs pusillanimes se trouvèrent incapables de diriger un peuple où toutes les passions étaient en jeu... Vingt mille citoyens proclamèrent, le 29 mai, don Josef Revolledo de Palafox capitaine-général de la province. Palafox appartenait à une des plus

[1] Traité par les Bourbons comme provinces conquises, il s'y était conservé de la haine, et on appelait encore *parti aragonais* le parti des mécontens.

anciennes familles et des plus honorées de l'Aragon. Très-jeune, beau, dépourvu d'expérience, n'ayant que le talent de jouer de la guitare, de danser et de bien monter à cheval, brigadier des gardes-du-corps, il n'avait d'autre titre à la confiance du peuple que sa fidélité envers Ferdinand VII qu'il avait accompagné à Bayonne. On le regardait comme dépositaire des dernières volontés royales. On ne lui connaissait encore aucune capacité; on ne lui supposait aucune énergie. Mais Palafox se montra digne de la confiance du peuple; il fit cesser à l'instant toutes les convulsions populaires, et manifesta le sentiment profond de sa dignité et de ses devoirs. Il avait été nommé par inspiration, et justifia l'ancien adage : *Vox populi*, *vox Dei.*

Le royaume d'Aragon était dépourvu de troupes de ligne, d'armes et de munitions. Tout fut créé par le patriotisme et la soif de la vengeance. Le capitaine-général appela les officiers et les soldats en retraite; ils formèrent, avec quelques débris de troupes de ligne, le noyau de l'armée d'Aragon. Les soldats déserteurs du pays occupé par les Français vinrent s'enrôler dans les nouveaux cadres. Il en vint de Madrid et de Pampelune. Des officiers du génie vinrent de l'école d'Alcala où ils étaient employés à l'instruction. Des bataillons nouveaux furent créés. Les étudians y furent inscrits. On donna à ces corps le nom de *tercios*, sous lequel les fameuses bandes espagnoles ont, dans le seizième siècle, rempli l'Italie de leur nom. On organisa un équipage d'artillerie de seize bouches à feu. On rassembla les fusils qui étaient à l'arsenal et les armes existantes dans le pays. On fabriqua des piques. On tira de la poudre de la manufacture de Villa-Feliche.

Une force si grande, organisée avec tant de rapidité à trente lieues de la frontière de France, attaquait par ses fondemens l'édifice que Napoléon voulait élever en Espagne. L'Empereur n'attendit pas, pour éteindre l'incendie, que la flamme eût gagné les Pyrénées. Il ordonna au général de brigade Lefebvre-Desnouettes de marcher contre Sarragoce, avec cinq mille hommes d'infanterie, huit cents chevaux et quelques pièces de canon de bataille.

Le corps du général Lefebvre-Desnouettes se rassembla à Pampelune. Le 1er et le 2e régiment de la Vistule formaient le tiers de son infanterie. Sa cavalerie consistait presque en entier en un régiment de lanciers polonais. Le général Lefebvre-Desnouettes conduisait avec lui quelques pièces de canon de bataille. Qui eût pu croire qu'une cité de cinquante mille ames de population et non fortifiée pût soutenir un siége?

Il se présenta le 7 devant Tudela. Le général Palafox, instruit de sa marche, avait envoyé dans cette ville cinq cents fusiliers d'Aragon, sous les ordres du marquis de Lazan, son frère aîné, pour défendre le passage de l'Èbre, de concert avec la population armée. Le pont était coupé. Les Français passèrent le fleuve sur des bateaux, emportèrent la ville, et prirent quelques anciennes pièces de canon que les habitans avaient exhumées. Après avoir rétabli le pont, qui devait servir à lier communication avec Pampelune, ils continuèrent leur marche sur Sarragoce.

Instruit du passage de l'Èbre, le général Palafox alla au-devant de l'ennemi, à la tête de neuf mille hommes de nouvelle levée, moitié armés et sans discipline, deux cents hommes de cavalerie de ligne, et huit pièces servies par d'anciens canonniers, mais mal organisées pour le service de campagne. Il prit position à Mallen, sur le ruisseau de Huecha. Le 13, l'armée française fut en présence. Le feu d'artillerie et de mousqueterie dura peu de temps. Les Aragonais ne purent pas résister à une charge vigoureuse des lanciers polonais. Ils furent enfoncés et mis en dé-

Tome III, Pages 290, 291 et 292.

jouissant du passage de l'Èbre, le gal Palafox alla au devant de l'ennemi à la tête de 9,000 h. de nouvelle levée, ramassés sans discipline, de deux cent hommes de cavalerie de ligne et de huit pièces mal organisées pour la guerre de campagne. Il prit position à Maella sur le chemin de Huesca. Le 13, l'armée française fut en présence. [illegible] le feu d'artillerie et de mousqueterie dura peu de temps. Les Aragonais ne purent pas résister à une charge vigoureuse des lanciers polonais. Ils furent enfoncés et mis en déroute. Cinq pièces de canon tombèrent au pouvoir du vainqueur.

Certes les Aragonais ne manquaient ni de dévouement ni de courage. Ils ont prouvé depuis à l'Europe qu'ils savaient mourir pour la patrie et l'indépendance. Mais ils n'avaient pas encore acquis cette ordonnance militaire qui réunit en une seule masse les forces individuelles

les plus contraignit le général à les mener à l'ennemi

Il y avait dans l'armée deux régts d'infie et le régt de dragons du Roi.

On a dit que Palafox avait été entraîné pour avoir écouté les cris victorieux de plusieurs à la tête de paysans sans discipline. Plusieurs [illegible] dans le [illegible] politiques [illegible] plusieurs hommes capables de [illegible].

---

pour les rendre plus disponibles et plus terribles. Ils n'étaient pas exercés aux manœuvres, ils n'étaient pas aguerris contre l'impression morale que cause l'aspect du danger. On ne met pas impunément en campagne des troupes si jeunes devant des soldats aguerris. La cavalerie, et surtout la cavalerie armée de lances est l'effroi des troupes de nouvelle levée. Le sabre [illegible] frappe à deux pas, la lance atteint [illegible]

route [1]. Cinq pièces de canon tombèrent au pouvoir du vainqueur.

Certes, les Aragonais ne manquaient ni de dévouement ni de courage. Ils ont prouvé depuis à l'Europe qu'ils savaient mourir pour la patrie et l'indépendance. Mais ils n'avaient pas encore appris cette ordonnance militaire qui réunit en une seule masse les forces individuelles, pour les rendre plus disponibles et plus terribles. Ils n'étaient pas exercés aux manœuvres. Ils n'étaient pas cuirassés contre l'impression morale que cause l'approche du danger. On ne met pas impunément en campagne des troupes si jeunes devant des soldats aguerris. La cavalerie, et surtout la cavalerie armée de lances, est l'effroi des troupes de nouvelle levée. Le sabre frappe à deux pas; la lance

[1] On a dit que Palafox avait été téméraire pour avoir affronté l'armée victorieuse de l'Europe à la tête de paysans sans discipline. Heureuses les nations où, dans les bouleversemens politiques, il se trouve plusieurs hommes capables de pareilles témérités!

atteint à vingt pas. Les haies, les buissons, les obstacles ne peuvent soustraire le fuyard.

L'ARMÉE française ne s'arrêta pas après la victoire. On voulut en vain lui disputer le passage du Xalon. Le 14, elle s'empara d'Alagon. Le 16, elle était aux portes de Sarragoce. Le feu s'engagea dans les plantations d'oliviers qui sont autour de la ville. Les Aragonais rentraient en désordre dans l'enceinte de leurs murailles. Un bataillon français osa les suivre, et s'avança, par la grande rue du Courso, jusqu'à Santa-Ingracia. Il n'éprouva pas une grande résistance; mais voyant les dispositions de défense, il craignit qu'on ne voulût attendre qu'il eût pénétré plus avant pour l'envelopper. Ici les lances des Polonais eussent été impuissantes; l'ordonnance des vieilles troupes n'eût plus servi à rien, quand il eût fallu se rompre et se morceler pour attaquer et vaincre.

La retraite du bataillon français redoubla

l'audace du peuple de Sarragoce, et fut le signal de la défense. Vingt-quatre heures suffirent pour mettre la ville à l'abri d'un coup de main.

Sarragoce, qui tient son nom des Romains, est assise au bord de l'Èbre, dans une plaine vaste et fertile, au milieu de bosquets, de vignes, de champs d'oliviers, de jardins et de maisons de campagne. Le talus de la vallée commence à s'élever à quatre cents toises du fleuve. Un plateau appelé Monte-Torrero domine la ville à dix-huit cents toises. Le canal d'Aragon coule au pied du plateau, et presque parallèlement au fleuve. Un faubourg plus bas que la ville est à la rive gauche. Un beau pont de pierre communique de Sarragoce au faubourg.

La ville est enceinte d'un mur de dix pieds de hauteur et de trois pieds d'épaisseur, bâti en briques et en moellons. Un chemin planté d'arbres longe ce mur dans presque toute son étendue. Des églises bâties en pierre, des couvens bâtis en briques, distribués partie dans l'intérieur de la ville, partie sur le pourtour, ressemblent à des bastions détachés.

Le peuple de Sarragoce est robuste, vigoureux, fier, séditieux, aguerri contre les intempéries de l'air. La liberté y a duré plus long-temps qu'en aucune autre ville d'Espagne.

La détermination de défendre Sarragoce n'a pas été le résultat d'un plan combiné par les chefs militaires ou civils. L'histoire en rapportera la gloire entière à cette population loyale et généreuse, qui, par son instinct sublime, a deviné sa force et n'a pas hésité à sacrifier ses intérêts particuliers à la plus sainte des causes. Le capitaine-général avait désespéré du salut de la ville. Le jour même de l'entrée des Français, il était sorti de Sarragoce par le faubourg de la rive gauche de l'Èbre, avec les débris de l'armée vaincue à Mallen. Des moines, des orateurs du peuple, quelques-uns de ceux qui dirigeaient l'opinion, l'avaient suivi. Il voulait rallier les troupes, appeler aux armes le peuple des campagnes, et former une nouvelle armée pour combattre encore les Français. Il suivit la rive gauche de l'Èbre, passa ce fleuve à Pina, vint à Belchite, et demanda des secours aux Juntes de Soria, de Siguenza et de Valence. Le bataillon de Versaye, officier aragonais des gardes-wallonnes, avait été envoyé, depuis le commencement de l'insurrection, à Calatayud, pour observer la route de Madrid, d'où l'on attendait une attaque. Il rejoignit son général en chef avec trois mille soldats de nouvelle levée. Palafox partit de Belchite, et arriva le 21 à Almunia. Son armée réunie était de cinq à six mille hommes d'infanterie, cent chevaux et quatre pièces de canon. Il pouvait encore tenter le sort des armes et aller au secours de la capitale. L'ardeur des soldats était ralentie. Les combats de Mallen et d'Alagon lui avaient appris que le courage ne supplée pas toujours à l'expérience. La sortie de Sarragoce avait ébranlé la confiance. Il ne manquait pas de conseillers timides qui proposaient la retraite sur Valence, comme le seul moyen de ne pas compromettre l'armée. Le jeune général annonça qu'il donnerait des passe-ports à ceux qui voudraient aller à Valence. Il dit aux soldats : « Qui m'aime me suive ! » Et l'armée entière le suivit.

Le 23, l'armée aragonaise se mit en marche pour Epila, afin de menacer la communication des Français avec Tudela. Le général Lefebvre-Desnouettes apprend au matin que l'ennemi est en marche et va droit à lui. A huit heures du soir, il arrive. Les Aragonais n'ont pas le temps de se mettre en bataille. Attaqués avec vigueur, ils fuient de toute part. Leur canon est pris. Deux mille hommes sont tués ou blessés. Ceux qui ont survécu se retirent à Calatayud.

La campagne d'Aragon n'avait pas coûté

alors deux cents hommes aux Français. Le général Palafox sentit enfin que la partie était trop inégale. Ses troupes ne pouvaient pas tenir campagne. Derrière des murailles et encouragées par la population, elles pouvaient faire du mal à l'ennemi. Il passa quelques jours à Calatayud pour rallier les fuyards. Il fit rentrer ses troupes à Sarragoce sur deux colonnes; lui-même revint dans la ville le 1er juillet, seize jours après en être sorti. Le bataillon de Versaye resta à Calatayud avec quelques dépôts que de nouvelles recrues devaient bientôt remplir.

La première tentative du général Lefebvre-Desnouettes sur Sarragoce avait démontré l'impossibilité de prendre la place avec du canon de bataille. On forma à Pampelune et à Bayonne un équipage de siége de quarante-six bouches à feu, parmi lesquelles quatre mortiers de douze pouces et douze obusiers. Un mois entier fut employé à expédier les voitures et à transporter les munitions. Le général de division Verdier amena deux mille hommes devant Sarragoce à la fin du mois de juin, et prit le commandement du siége, en raison de son grade. L'armée reçut encore un renfort de huit cents Portugais aux ordres du lieutenant-général Gomez Freire. Ce renfort consistait dans le 5e bataillon d'infanterie et un bataillon de chasseurs restés en Biscaye lors du passage du corps de troupes du marquis d'Alorne, mais diminué par la désertion toujours croissante. Ainsi les soldats portugais unis aux Français allaient combattre, exterminer les Espagnols, pendant qu'en Portugal leurs pères et leurs frères, unis de cœur aux Espagnols, et faisant cause commune avec eux, soutenaient contre les Français une guerre à mort.

L'ARMÉE entière employée contre Sarragoce n'était pas forte de plus de huit mille hommes. Sarragoce communiquait de toute part avec la campagne. Aucune troupe n'avait encore paru devant le faubourg de la rive gauche de l'Èbre. L'arrivée des renforts détermina les assiégeans à investir la place. Ils s'étaient emparés le 27 juin des établissemens du Monte-Torrero mal défendus par mille hommes de milice bourgeoise qui y tenaient garnison. Le Monte-Torrero est un côteau qui domine la ville vers le sud, à la distance de huit cents toises. Sur la sommité du côteau étaient de vastes et solides magasins où l'on renfermait les bois de construction, les ferremens, les ustensiles, les ateliers nécessaires pour le service du canal impérial d'Aragon. On y trouva les matériaux pour servir à l'établissement d'un pont de radeaux. Les ingénieurs français, si habiles et si zélés, font en une semaine ce qu'en d'autres armées on ne fait pas en un mois. Le 11 juillet, on jeta des troupes à la rive gauche de l'Èbre, devant le village de Saint-Lambert. Les troupes espagnoles qui avaient voulu s'opposer au passage du fleuve, furent rejetées dans le faubourg.

Le 12, le pont de bateaux fut établi. Alors fut complété le blocus de Sarragoce; si toutefois on peut donner le nom de blocus à l'éparpillement de huit mille hommes autour d'une enceinte de trois mille toises de développement, et que défendent vingt mille hommes armés; blocus qui gêne, mais n'empêche jamais le ravitaillement.

Quelques combats, des sorties, des attaques au-dedans et au-dehors, précédèrent l'investissement de Sarragoce. Nous les rapporterons quand l'ordre des faits nous aura conduit au récit du siége.

Après le combat de Cabezon, le général Cuesta avait rallié à Benevente les débris de son armée. Il appela aux armes les peuples du royaume de Léon; il fit de nouvelles levées. Il attendit l'armée de Galice.

Le royaume de Galice est la province la plus catholique des Espagnes. Une hostie et un calice dans ses armes disent la pureté de sa foi. Elle s'enorgueillit de posséder le sanctuaire du saint protecteur des Espagnes, du général qui vainquit les Maures. Malgré les rapports maritimes, les étrangers ont eu peu d'influence sur les mœurs et les habitudes. La population des campagnes est vertueuse et laborieuse ; elle n'a qu'un cri : *Dieu et le Roi!*

L'invasion des Français, la trahison de Bayonne, les fusillades du 2 mai furent senties en Galice autant et plus vivement encore que partout ailleurs. L'Angleterre en profita. C'est le point le plus rapproché d'elle....

Don Antonio Filangieri, capitaine-général de la province, était vieux; il fut remplacé par don Joaquin Blake. Ce général, d'origine irlandaise, descendait des Blake du comté de Galloway. Fils d'un négociant de Vély-Malaye, il était un des meilleurs sujets sortis de l'École militaire établie à Puerto de Santa-Maria par le comte Oreilli. Il avait servi dans le régiment d'Amérique comme lieutenant et adjudant.

Dans la guerre de la révolution, il avait fait la campagne de Roussillon et de Catalogne comme major des volontaires de Castille; il avait été blessé à la prise des hauteurs de San-Lorenzo de la Maya. Après la paix, il fut colonel des volontaires de la couronne. La révolution d'Espagne le trouva brigadier. Sa nomination au grade de maréchal-de-camp est un des derniers actes du gouvernement de Charles IV. La voix entière de la Galice l'appela au commandement.

L'ARMÉE de Galice se forma à Lugo pendant le mois de juin. Le peuple s'enrôla à l'envi dans des bataillons de volontaires. L'Angleterre envoya cinquante mille fusils et des effets d'habillement. Elle avait exhumé, des tombeaux flottans où elle amoncelle ses prisonniers, des Espagnols que la violation des traités autant que la force des armes avait mis en son pouvoir. Ils furent habillés à neuf, armés, équipés et dirigés sur la Corogne. Le lieutenant-colonel Doyle et d'autres officiers anglais qui avaient accompagné le transport, restèrent avec les troupes espagnoles pour surveiller et diriger l'emploi des moyens fournis par la nation britannique.

Le retour des troupes espagnoles du nord du Portugal, composées du régiment du Roi, dit *immémorial*, parce que sa création remonte aux temps de Ferdinand et d'Isabelle et qu'on en ignore la date précise, des régimens de Sarragoce, Mayorque, Aragon, Naples, Navarre, Balbastro, Girone et autres, augmenta la nouvelle armée. On en forma quatre divisions : les deux plus fortes et les mieux organisées partirent à la fin de juin de Lugo avec le général Blake. Elles passèrent les montagnes, et arrivèrent le 6 juillet à Benavente, où la jonction de l'armée de Galice fut opérée avec les débris qu'avait ralliés Cuesta, et auxquels on donnait le nom pompeux d'*armée de Castille*.

Le maréchal Bessières ne fut pas instruit du

départ des troupes espagnoles du Portugal ; mais il savait vaguement qu'une armée se formait en Galice. Des rapports hasardés annonçaient des débarquemens anglais; des rapports plus certains ne permettaient pas de douter que le général Cuesta ne formât une nouvelle armée derrière l'Esla. Le général français prévit que le moment n'était pas éloigné où des forces considérables menaceraient son flanc droit, et où il serait obligé de réunir la totalité des siennes pour aller au-devant de l'ennemi. Le général Lasalle, commandant l'avant-garde à Palencia, dut inonder d'explorations de toute espèce le pays couvert et fertile que circonscrivent le Carrion, le Duero, l'Esla et les montagnes des Asturies. La division du général Merle fut rappelée sur Palencia. On ne laissa à Santander que trois bataillons et le général de brigade Gaulois pour commander. Les travaux des forts de Pancorvo et de Burgos furent achevés d'être mis à l'abri d'un coup de main. Le dernier fut mis en état de contenir cette grande ville qui pouvait bientôt être abandonnée à elle-même. Le service de l'artillerie et des vivres avait été fait de manière à rendre l'armée mobile et forte.

Le corps d'armée des Pyrénées-Occidentales était affaibli par le mouvement continuel des corps d'isolés et des bataillons supplémentaires sur Madrid, et surtout par le départ des troupes envoyées au siége de Sarragoce. Les 4e léger, 15e de ligne et 3e de la garde de Paris, entrèrent en Espagne pour remplir cette lacune; ils formaient une division sous les ordres du général Mouton, aide-de-camp de l'Empereur. Pour la première fois, des corps qui avaient combattu à Friedland passaient les Pyrénées. On les regardait avec raison comme supérieurs à ceux qui y étaient déjà. Cette circonstance fit donner aux troupes du général Mouton le nom de division d'élite.

Le 7 juillet, on apprit à Burgos l'arrivée de

l'armée de Galice sur l'Esla. Les troupes de Castille étaient déjà à Medina de Rio-Seco. Les généraux Blake et Cuesta annonçaient hautement le projet de marcher droit à Valladolid.

Le maréchal Bessières voulut les prévenir; il partit de Burgos, le 9, avec sa réserve, composée du régiment des fusiliers, de la cavalerie et de l'artillerie de la garde impériale : il arriva le lendemain à Palencia. La division du général Mouton arriva le 12 dans cette ville. L'armée fut organisée pour combattre. La division du général Lasalle, marchant en tête de colonne, était composée de deux régimens de cavalerie, le 10e de hussards et le 22e de chasseurs à cheval, et de la brigade du général Sabathier, forte de quatre bataillons, le 17e et le 18e provisoire. La division du général Merle avait deux brigades d'infanterie commandées par les généraux Darmagnac et Ducos, et composées, la première, d'un bataillon du 47e, d'un bataillon du 3e suisse, d'un bataillon du 14e provisoire; la seconde, du 13e régiment provisoire, quatre bataillons. La division du général Mouton n'avait que le 4e léger et le 15e de ligne; car les trois bataillons de la garde municipale de Paris étaient restés à Vitoria pour servir aux communications. La réserve était formée par le régiment des fusiliers de la garde impériale et par trois beaux escadrons, un de chasseurs, un de dragons, un de gendarmes d'élite. L'armée avait avec elle trente bouches à feu, dont huit avec chacune des deux premières divisions; six avec la division d'élite, et dix à la réserve. Le soldat emportait dans son sac du pain pour trois jours. Cinq jours de biscuit portés sur les voitures suivaient les troupes.

Le 13, avant une heure du matin, l'armée partit de Palencia. On marchait pendant la nuit à cause des chaleurs excessives; on désirait engager une action à la pointe du jour, sûr qu'on était du succès, et content d'avoir devant soi la journée entière pour profiter de la victoire. L'armée prit position, la droite à la Torre de Mormajas, et la gauche à Ampudia. Les reconnaissances envoyées le soir au couvent de Mortollance rapportèrent que les Espagnols étaient à Medina de Rio-Seco au nombre de trente-cinq mille hommes avec trente pièces de canon.

Le 14, à deux heures du matin, l'armée française marcha sur deux colonnes dans la direction de Medina de Rio-Seco. A la pointe du jour, la càvalerie du général Lasalle aperçut à Palacios deux cents chevaux espagnols, qui se retirèrent aussitôt. Le maréchal Bessières ordonna au général Lasalle de déployer la cavalerie en avant de Palacios et de ne rien entreprendre. Pendant que les deux colonnes se réunissaient et se massaient derrière la cavalerie, on reconnut avec soin la position de l'ennemi.

Palacios est éloigné d'une lieue et demie de Rio-Seco: c'est un pays de plaine et de culture.

Le Sequillo coule à peu de distance de la route. En hiver et au printemps, les eaux de pluie attaquent et rongent les plateaux supérieurs et les sillonnent de ravins difficiles à pratiquer. Ces plateaux sont pierreux. Pour cultiver les champs, on retire les pierres, et on en forme des clôtures hautes de deux ou trois pieds autour de chaque propriété. Comme les environs des villes sont mieux cultivés que le reste du pays, c'est aussi là que les clôtures sont le plus multipliées et présentent le plus d'obstacles : toutefois ils ne sauraient arrêter l'infanterie, parce que les soldats peuvent facilement ébranler les pierres ; la cavalerie même les franchit.

L'armée espagnole se formait sur deux lignes au moment où la cavalerie française arriva. La première ligne, forte de huit à dix mille hommes d'infanterie, garnissait un plateau difficile à aborder de front ; elle était appuyée par une batterie de quinze pièces. La seconde ligne était placée à douze ou quinze cents toises de la première, dont elle débordait de beaucoup la gauche ; elle était plus nombreuse, composée de meilleures troupes; elle avait au centre une artillerie formidable. La cavalerie était avec la première ligne, un peu en arrière et à portée de la route.

Le maréchal Bessières, ayant reconnu la position des Espagnols, manœuvra de manière à porter la majorité de ses forces dans l'énorme lacune qui séparait les deux lignes ennemies, et à écraser la première ligne avant que la seconde eût le temps de la secourir. La brigade d'infanterie du général Sabathier entama le feu, formée en colonne serrée par bataillon, et aborda le plateau de front, pendant que la division du général Merle y montait par l'escarpement du côté de la route. Deux escadrons de cavalerie, conduits par le général Lasalle entre les deux attaques, chargèrent la cavalerie espagnole. Les trois mouvemens furent simultanés; l'artillerie française était supérieure à l'artillerie espagnole en nombre et en qualité : une nuée de voltigeurs précédait les colonnes assaillantes. Les généraux français n'étaient occupés qu'à empêcher les soldats de courir : en un instant la position fut emportée, la première ligne de l'ennemi rompue, le canon pris, et la terre couverte de plus de huit cents morts, tués la plupart à coups de baïonnette.

Cependant, la deuxième ligne espagnole prit l'offensive : deux fortes colonnes, appuyées par la réserve d'artillerie de l'armée, rallièrent les fuyards et marchèrent comme pour reprendre le plateau; elles furent bientôt engagées avec la division du général Mouton. Les tirailleurs de cette division furent chargés par trois cents carabiniers royaux et gardes-du-corps, et culbutés dans un ravin. La cavalerie de la garde impériale vint au secours et rejeta la cavalerie espagnole sur son infanterie. La division du général Merle avait continué à marcher dans la direction de son premier mouvement, avait parcouru le front du premier champ de bataille, et se trouvait sur le flanc droit des colonnes espagnoles de seconde ligne. L'infanterie ennemie continuait à gagner du terrain; l'artillerie de la garde fut compromise, deux pièces de canon tombèrent même pour quelques instans au pouvoir de l'ennemi : c'était le moment décisif. Le général de l'armée française ne le laissa pas échapper; il fit faire à la division du général Merle un changement de front à droite, et charger à la baïonnette. Les deux infanteries se mêlèrent ; Mouton, sur le flanc gauche, avec un escadron de chasseurs à cheval, lancé à propos sur la tête de colonne, acheva de l'ébranler; elle fut rompue et prit la fuite : alors la bataille était gagnée. De toutes parts l'ennemi se retira en désordre; de toutes parts les masses françaises arrivèrent au pas de course. Les Espagnols essayèrent quelque résistance dans Rio-Seco, afin de couvrir leur retraite. Le général Mouton, ne daignant pas répondre à leur feu, s'empara de la ville à la baïonnette, et fit passer les défenseurs au fil de l'épée. La cavalerie poursuivit les fuyards sur la route de Benavente, et en fit un grand carnage.

L'armée espagnole, qui a combattu à Medina de Rio-Seco, était forte de trente mille hommes d'infanterie; l'armée française de dix à douze mille hommes d'infanterie et de quinze cents chevaux. L'artillerie était en nombre égal de chaque côté. Les Espagnols perdirent quinze pièces de canon et cinq mille hommes. La perte des Français monta à cent cinq hommes tués et cinq cents blessés.

La journée de Rio-Seco ne fut pas sans honneur pour les Espagnols; ils étaient plus nombreux, et ils furent vaincus; mais ils disputèrent la victoire. C'était un échantillon de l'ancienne armée espagnole, qui montra ce qu'elle aurait pu faire : c'était beaucoup pour une armée neuve qui était aux mains pour la première fois avec des troupes aguerries. La disposition des Espagnols était mauvaise; ils combattaient en avant du défilé. L'ennemi arrivait sur eux tout formé, par devant et par les flancs. Il n'y avait pas de position, ce qui eût été nécessaire pour compenser l'inégalité de force morale : ils reçurent la bataille. Or, il faut recevoir une bataille en position ou la livrer [1]. La faute capitale fut la première ligne lancée à quinze cents toises en avant de la seconde. Le mouvement de la seconde ligne se portant en avant (et ce fut là proprement la bataille) fut exécuté avec précision et audace.

De son côté, le maréchal Bessières engagea bien ses troupes et prit des dispositions habiles.

La sécurité du voyage du roi Joseph à Madrid fut le seul résultat positif de la bataille de Rio-Seco. Bessières avait su vaincre : il ne

[1] Blake devait-il livrer bataille? Dépourvu de cavalerie, il se commettait, dans un pays ouvert, contre quinze cents chevaux conduits par un des meilleurs généraux de cavalerie que la France ait eu, Lasalle.

sut pas profiter de la victoire; c'était la première fois qu'il commandait en chef dans une bataille. Il fut étonné, enivré de son succès; il ne voulut pas compromettre la gloire acquise! L'armée vaincue à Rio-Seco se composait du corps de Castille aux ordres de Cuesta, et du corps de Galice aux ordres de Blake. L'armée de Castille, presque toute de recrues du pays où l'on avait combattu, se dispersa. Cuesta, avec sa cavalerie et quelques restes d'infanterie, s'enfuit à Léon. L'armée de Galice, composée de troupes de ligne et de recrues nouvellement habillées, appartenant à la Galice, ne perdit pas sa forme ni son ordonnance; elle se retira en ordre par Benavente et Astorga, et alla prendre position à Manzanal sur la chaîne de montagnes qui sépare les affluens du Duero de ceux du Minho, et forme l'avant-mur de la Galice.

Après la défaite, les deux généraux espagnols étaient, comme de raison, en discorde l'un avec l'autre. Blake, quoique le plus jeune, avait des ordres secrets de la Junte de Galice pour ne pas rester dans une entière dépendance de Cuesta; ils avaient eu ensemble des prises violentes. La raison militaire prescrivait au général français de négliger Cuesta, de poursuivre Blake l'épée dans les reins, de l'atteindre et de l'écraser.

La bataille de Rio-Seco était gagnée à midi, la défense de la ville avait duré à peine quelques minutes... Aucun obstacle ne se présentait aux vainqueurs. Le Sequillo était à sec à cause des chaleurs. Les soldats français, essoufflés, haletans, baignés de sueur, se précipitèrent vers le ruisseau; n'y trouvant pas une goutte d'eau, ils s'écrièrent : « Les Espagnols ont emmené la rivière. » L'armée victorieuse n'avait fait que trois lieues : une partie de sa cavalerie n'avait pas donné; l'autre avait été engagée pendant peu de temps. Le général Lasalle était lancé sur les fuyards; le maréchal Bessières le força de s'arrêter. Il passa les journées du 14 et du 15 à Medina de Rio-

Seco, comme pour donner à l'ennemi le temps de se rallier. Il mit ensuite quatre jours à faire la route de Rio-Seco à Benavente. La distance qui sépare ces deux villes est de dix lieues.

Généraux, officiers, soldats, gémissaient, se plaignaient de cette inaction intempestive. A Benavente, on voulut déterminer le général en chef à marcher vers le Portugal : on jugeait avec raison que l'apparition des troupes françaises dans le nord de ce royaume suffirait pour rétablir les communications avec l'armée du général Junot, bloquée depuis deux mois. Les ordres furent écrits pour ce mouvement. Après quarante-huit heures d'incertitude, le maréchal Bessières changea d'avis; il résolut d'aller à Léon pour voir si Cuesta y était, et pour attendre ses renforts. Arrivé à Valencia de don Juan, le 21 juillet, il apprit que le général Cuesta était parti de Léon avec six cents chevaux, quatre pièces de canon et quinze cents hommes d'infanterie, quelques Suisses, presque tous officiers et sous-officiers; qu'il s'était rendu à Mayorga, et que cette ville avait été indiquée par lui pour le rassemblement aux fuyards. L'armée française alla le 22 à Mayorga. Le bruit de la marche suffit pour dissoudre le rassemblement. Le général Cuesta était parti pour Toro avec sa cavalerie, son canon et sa petite colonne d'infanterie; il passa de-là à Salamanque et Rodrigo : il allait chercher en Estramadure des points d'appui pour sa faible armée, et pour lui des coopérateurs plus complaisans que Blake.

Cependant, la victoire de Rio-Seco avait répandu l'effroi jusqu'à l'entrée du Portugal. Zamora, que les Espagnols comptaient au nombre de leurs places fortes, envoya son acte de soumission au vainqueur. Les villes portugaises de Bragança et Miranda do Duero crurent un moment que les Français de la Castille allaient rejoindre leurs camarades, et la nouvelle en arriva à Lisbonne. Les soldats de Blake désertaient par bandes, quoique cette armée reçût à Manzanal des remplacemens en hommes, en artillerie. L'évêque et les habitans de Léon s'étaient empressés, aussitôt après le départ de Cuesta, d'envoyer au-devant des Français. Les Asturiens tremblaient derrière leurs montagnes; ils avaient garni de troupes les défilés par lesquels on arrive à Oviedo. La ville d'Astorga n'était ni armée, ni disposée pour soutenir un siége.

L'ARMÉE française reçut à Mayorga un renfort de dix mille hommes. Le général de brigade Gaulois ramena de Santander les trois bataillons qui étaient restés sans utilité dans cette ville pendant la bataille de Rio-Seco, et qu'une excessive prudence avait fait diriger sur Burgos pour rejoindre l'armée, tandis que le chemin direct leur aurait épargné plusieurs journées de marche. Le troisième bataillon de la garde municipale de Paris, laissé par le général Mouton à son passage à Vitoria, rejoignit la division de ce général. Le 2e régiment d'infanterie légère arriva de France. Le général de brigade Lefebvre amena de Madrid le 11e provisoire, le 2e régiment de fusiliers de la garde, le beau corps des chevau-légers polonais du colonel Krasinski, et le 26e régiment de chasseurs à cheval. L'artillerie fut portée à quarante-quatre bouches à feu. Le général en chef fut délivré du soin de maintenir la communication entre Bayonne et Madrid. L'armée reçut une organisation nouvelle. Les généraux Merle, Bonnet et Mouton commandèrent chacun une division d'infanterie; Lasalle n'eut plus que la cavalerie; les troupes de la garde impériale continuèrent à former la réserve. L'Empereur s'était déterminé à agrandir ainsi cette armée, parce qu'il voulait qu'on exterminât l'armée de Galice.

Le maréchal Bessières regardait l'opération de la Galice comme très-difficile. Élevé dans le service de la cavalerie, il avait pour la guerre de montagne une aversion qu'il ne dissimulait pas; les vivres l'inquiétaient. L'Empereur était parti de Bayonne, et le maréchal Bessières n'avait reçu aucune instruction. A Madrid, Savary était supposé diriger et non commander; il transmettait des ordres et n'en donnait pas... A la guerre, il n'y a pourtant que deux choses : commander ou obéir... Blake s'était renforcé : on assurait que les Anglais avaient débarqué à la Corogne; leurs flottes paraissaient sur les côtes. L'armée se porta le 26 à Léon; elle y passa cinq jours, sous le prétexte de raccommoder l'artillerie. Le 31, elle se porta à Puente de Orbijo. Les reconnaissances de cavalerie trouvèrent Astorga occupé : on rencontra aussi des patrouilles ennemies sur la route des Asturies.

Le maréchal Bessières reculait ainsi devant l'opération de Galice. Un événement inattendu le tira brusquement de cet état d'anxiété; il apprit tout-à-coup le désastre de Baylen.

A cette terrible nouvelle, tout fut aussi changé devant Sarragoce.

Le premier principe de l'attaque des places

est de n'employer contre elles les hommes que quand on a les moyens matériels à sa disposition, et même d'attendre que les moyens matériels soient réunis complètement avant de les employer, sans quoi l'on se consume en efforts inutiles, et quand le grand coup doit être frappé, les moyens sont devenus insuffisans. La violation habituelle de ce principe est la conséquence naturelle de la pétulance et de l'impatience qui sont la base du caractère français. Il devait en arriver ainsi surtout, lorsqu'on faisait un grand siége, sous les yeux d'un maître impatient, qui s'irritait de la résistance, qui pressait par ses ordres, dont l'opinion était tant à redouter comme maître de l'art, arbitre des réputations, et comme tout-puissant dispensateur des grâces; en outre, il était persuadé, et souvent avec raison, qu'on faisait mal ou imparfaitement partout où il n'était pas.

Aussitôt qu'une partie de l'artillerie fut arrivée, on la mit en batterie sur le pourtour méridional. Dans la nuit du 30 juin au 1er juillet, les Français commencèrent à jeter dans la ville quelques bombes et obus. Six obusiers et deux mortiers de 12 pouces tiraient de demi-heure en demi-heure ; leur feu dura toute la journée du 1er et la nuit suivante. Pendant ce temps une batterie de dix pièces longues de 8 s'organisait ; elle était destinée à battre en brèche le château de l'Inquisition. Ce château, bâti par les Maures et restauré par les rois d'Aragon, qui y avaient leur demeure, est à cent vingt toises du mur d'enceinte ; il est carré, flanqué de quatre tours bastionnées, avec fossé revêtu et chemin couvert. La batterie ouvrit son feu le 2, à une heure du matin ; quatre heures après, le mur était en brèche. A cinq heures du matin on lança les troupes contre la place, en six colonnes. Ceux qui devaient assaillir le château trouvèrent la brèche trop haute ; il eût fallu des échelles de dix pieds pour y atteindre, et l'on ne s'en était pas pourvu. Le couvent de Saint-

Joseph, qui est à la rive droite de la Huerba, fut enlevé, et resta au pouvoir des Français. Les autres colonnes d'attaque furent vigoureusement repoussées. Les Français eurent deux cents hommes tués et environ trois cents blessés.

Les munitions de siége étaient épuisées, il fallût en attendre de nouvelles. Les assiégeans reconnurent qu'il fallait renoncer à emporter d'assaut une place si bien défendue par la valeur des habitans; ils furent forcés de recourir aux procédés lents et réguliers de l'attaque contre une ville ouverte qu'on avait cru d'abord pouvoir emporter avec des tirailleurs.

Le colonel du génie Lacoste, envoyé par l'Empereur, dont il était aide-de-camp, pour commander le siége de Sarragoce, reconnut la place avec soin, et détermina l'attaque sur le front du couvent de Santa-Ingracia. La batterie contre le château resta comme diversion et fausse attaque.

La Huerba passe devant le couvent de

Santa-Ingracia; comme elle tombe perpendiculairement sur l'enceinte, elle ne sert de fossé que pour une partie. Ce couvent est bâti en brique; les murs sont épais et solides. Les assiégés avaient des batteries de gros calibre au rez-de-chaussée et des pièces légères dans les étages supérieurs; l'église et le clocher étaient hérissés de fauconneaux et de fusils de rempart; la porte de la ville, à côté, était masquée par un retranchement percé de cinq embrasures, garni de pièces de gros calibre. L'espace jusqu'à la Puerta del Carmen était épaulé; les angles et les saillans garnis d'artillerie. Le couvent des Capucins, mis en bon état, donnait un flanc sur le front attaqué. A la gauche, la Huerba qui est encaissée, et où il n'y a d'eau que dans les pluies ou par l'irrigation, servait de fossé à la ligne ennemie. Le pont, sur cette rivière, était rompu; ses bords étaient garnis d'un retranchement fait en bois et en moellons.

Les Français réunirent sur le front d'attaque tous leurs moyens d'artillerie ; ils établirent sept batteries pour battre, enfiler et inquiéter les derrières. La principale batterie de brèche était armée de six pièces de 16 et de quatre obusiers de 8 pouces, et battait le mur du couvent à soixante-dix toises. Les batteries les plus éloignées étaient à deux cents toises de l'enceinte.

Pendant ces travaux, une guerre continuelle de tirailleurs faisait perdre du monde en détail sans avancer ni reculer la question; on se disputait des baraques, on s'empêchait réciproquement d'avancer les travaux de l'attaque ou de la défense. Le 23 juillet, les assiégés firent une sortie vigoureuse contre une brigade française, à la rive gauche de l'Èbre. Cette sortie avait pour but de faciliter l'entrée de la ville à des corps de troupes qui voulaient s'y jeter. Leurs efforts furent vains. Le 30, les volontaires d'Aragon furent culbutés en cherchant à entrer.

Les dispositions étant faites, les pièces dans la batterie et toutes approvisionnées à trois cents coups, le service de l'artillerie étant assuré, on commença, le 4 août à la pointe du jour, à battre en brèche; toutes les batteries firent feu à la fois; les murs furent criblés de boulets, la partie en arrière du front d'attaque inondée de bombes et d'obus. A neuf heures du matin les brèches furent jugées praticables; il n'y avait pas de fossé. Deux colonnes d'attaque s'ébranlent au pas de charge; l'une emporte le couvent de Santa-Ingracia, l'autre la Puerta del Carmen; les défenseurs des brèches sont culbutés; les Français entrent dans la ville, se répandent dans les maisons, franchissent les décombres, s'emparent du canon, et font feu sur les Espagnols avec leurs propres pièces.

Mais que ne peut l'amour de la patrie et de l'indépendance? Les habitans de Sarragoce et la garnison firent ce qu'on n'avait jamais vu avant eux. Arrivés au détour de la grande rue du Courso, ils se rallièrent et revinrent en épaisse colonne sur les assaillans morcelés, dispersés dans les maisons, occupés à piller. Un feu terrible commença à partir des fenêtres et des toits; chaque maison était devenue un fort qu'il eût fallu battre en brèche et emporter d'assaut. Les soldats, abattus par une résistance si inattendue, prirent la fuite; plusieurs généraux furent blessés. On n'était pas maître de Sarragoce; il fallut se contenter de conserver ce qu'on avait pris. Les Français se couvrirent, dans les rues, avec des meubles, des balles de laine, des sacs à terre. Les deux attaques, qui n'avaient pu se réunir parfaitement, occupèrent l'une le couvent de San-Francisco, l'autre le couvent de San-Diego. Cette terrible journée coûta aux Français environ quinze cents hommes.

Une partie de l'armée française se trouva logée dans la ville. Cet avantage immense pour les assaillans fut compensé en partie par la nécessité où ils se trouvèrent de retirer la brigade Piré de la rive gauche de l'Ebre pour la porter à Monte-Torrero, afin de leur servir de réserve ; car, ayant concentré sur un point une partie de leurs troupes, il ne leur en restait plus assez à la rive droite pour repousser une sortie. Ainsi les assiégés pouvaient faire entrer dans la place tout ce qu'ils voudraient.

Toutefois les Français étaient maîtres des défenses ; quelle que fût l'énergie avec laquelle les assiégés en improviseraient de nouvelles, elles ne pouvaient présenter le même degré de résistance.

Sarragoce était donc en danger de succomber, quand elle fut sauvée par le contre-coup de Baylen. Les assiégeans reçurent, le 5 août au soir, l'ordre du roi Joseph de se tenir prêts à lever le siége ou à évacuer la ville si l'on s'en était emparé. Dès-lors on se borna à se retrancher dans les rues et à créneler les maisons dont on était maître ; on consuma d'une manière oiseuse les munitions qu'on savait ne plus pouvoir emporter; on rassembla les mules et les charrettes qu'on put se procurer... On resta dans Sarragoce, attaquant tantôt une maison, tantôt un couvent, sans compromettre du monde, ni chercher à faire des progrès... Les soldats français n'étaient pas au fait de cette guerre défensive ; ils étaient inférieurs aux Espagnols.

La nouvelle de la prochaine arrivée des troupes de Valence, aux ordres de don Feliz de San-Marco, brigadier, qui marchaient sur Borja après avoir rallié Versaye, et la retraite du roi Joseph sur l'Èbre, déterminèrent la levée du siége. Le 12, une brigade partit avec du canon pour aller tenir le pont de Tudela ; on chargea des mines, on commença à détruire l'artillerie qu'on ne pouvait pas emmener. Comment aurait-on pu enlever en quatre jours ce qu'on avait employé un mois à conduire?

Dans la nuit du 14 au 15 on fit sauter les mines, on brûla les attirails d'artillerie, on mit le feu aux magasins de Monte-Torrero et de l'Écluse, on encloua, on jeta dans l'Ebre et le canal les pièces de siége. L'armée française se retira, traînant avec elle son équipage d'artillerie de campagne. Les Espagnols ne pensèrent ni à la suivre, ni à l'inquiéter dans sa retraite. Elle vint le 15 à Alagon, le 16 à Mallen, le 17 à Tudela, d'où elle envoya deux mille hommes pour tenir garnison dans Pampelune.

Sarragoce avait coûté deux mille cinq cents hommes aux assiégeans en tués ou blessés, et près de deux mille aux Espagnols.

La défense de Sarragoce donna un grand exemple à l'Espagne; elle retentira dans les siècles. Les habitans ne furent, il est vrai, assaillis que par une poignée de soldats, un siége régulier ne fut pas formé; mais aussi ils étaient sans défense, et il fallait tout leur courage pour compenser la supériorité des troupes aguerries; cela est presque impossible en campagne : là le nombre céda toujours à la discipline. Dans la ville commença la force des Espagnols, et elle s'accroissait en raison des progrès de l'assiégeant. Les brèches de Sarragoce ont appris à soutenir des assauts. Les siéges, en Espagne, ont toujours été héroïques.

Qu'on ne dise pas qu'il eût mieux valu se conserver, puisque plus tard il a fallu succomber. Léonidas aussi mourut aux Thermopyles, sa mort était même assurée avant de combattre. Sarragoce aura la même gloire : là aussi a éclaté cette ferveur religieuse qui embrasse le présent et l'avenir, les berceaux et les tombeaux ; qui devient plus sainte encore quand elle combat l'étranger et les oppresseurs de la patrie. Là aussi s'est manifestée cette sublime indifférence sur la vie et la mort, qui ne s'inquiète de rien que d'obéir à une noble passion!... Là aussi la nature morale a triomphé de la nature physique...

PIÈCES

JUSTIFICATIVES

DES

LIVRES II ET III.

LIVRE DEUXIÈME.

(A.) *Ordre du jour de l'armée espagnole d'Estramadure, pour le 8 décembre 1807.*

« La férocité n'a rien de commun avec la valeur; elle est toujours une preuve de barbarie, et le plus souvent de lâcheté.

» La plus grande confiance et le plus grand honneur que le Roi puisse accorder à un sujet, c'est de lui confier ses armes toujours consacrées à la conservation de la monarchie, au soutien de la religion et des lois, à la défense du peuple et à la protection des alliés. Quand le gouvernement portugais nous donne des preuves de son amitié en nous recevant sur son territoire, nous manquerions indignement au caractère espagnol et à toutes les lois, si nous nous présentions comme des ennemis. La guerre a ses droits et sa législation; elle ne peut être déclarée que par les chefs des gouvernemens. Nous gouvernés, nous ne sommes autorisés à combattre qu'à la voix des supérieurs. Tout ce qui se fait au-delà est un assassinat, dont le châtiment appartient à la justice universelle, comme d'une lâcheté odieuse à l'humanité entière.

» Chargés d'une expédition importante, nous avons à cœur de remplir l'espoir de notre souverain. Nous nous glorifions de sa confiance, nous désavouons ceux dont la mauvaise conduite tendrait à souiller la réputation de l'armée : je ne les souffrirai pas dans nos rangs. Les injures de parole ou de fait, les railleries, la provocation à renouveler des rixes barbares et des préjugés populaires, seront irrémissiblement et sévèrement punis par moi, non-seulement d'après les règles positives indiquées dans la loi, mais encore par l'application des peines arbitraires dont je réglerai la rigueur suivant l'importance des faits, leurs conséquences, la bassesse du procédé, la désobéissance au Roi et la considération qui pourra en résulter pour le nom espagnol. Le soldat recevra tout ce qui lui est nécessaire : quand il y aura manque de quelque chose, nous saurons supporter des privations momentanées, qui seront allégées par l'avantage de conserver un bon renom, et par l'honneur d'accomplir une grande entreprise. Je connais personnellement mes soldats; ils ne s'aviliront pas ; ils ne sont pas venus d'Andalousie avec moi pour désobéir au Roi, ni pour déshonorer la nation.

» Au quartier-général de Badajoz, le 30 novembre 1807.

» Le marquis DEL SOCORRO. »

Proclamation du général Taranco.

« Don Francisco de Taranco et Llano, décoré par l'empereur de toutes les Russies, de l'ordre militaire de Saint-Georges, patron de Zaratano en Biscaye, lieutenant-général des armées de Sa Majesté catholique, gouverneur et capitaine-général du royaume de Galice, président de son audience royale, subdélégué de la surintendance générale des postes et grands chemins, actuellement général de l'armée d'opération en Portugal, etc. :

» Habitans des provinces d'Entre-Duero-et-Minho, et de Tras-los-Montes, ne vous inquiétez point, vivez tranquilles ; l'armée espagnole que je commande ne vous troublera point dans vos lois et dans vos usages. Traitez-la avec la bienveillance que méritent sa valeur et son caractère humain, et vous trouverez en elle une exacte réciprocité. Je vous le promets, et j'en prends l'engagement au nom du Roi mon seigneur, monarque aussi juste que bienfaisant. Général de ses armées, ministre de sa justice et de sa clémence, je serai le fidèle exécuteur de ses intentions souveraines; elles ont pour objet de vous protéger dans la situation déplorable où vous a mis l'absence de votre souverain, et de vous délivrer de la perfide domination et de la politique ambitieuse des Anglais, qui ont su masquer sous l'apparence de l'amitié leurs projets destructeurs. Tenez-vous pour assurés que toutes les mesures que l'on prend tendent à améliorer votre sort, à vous tirer de la honteuse tutèle du gouvernement anglais et à organiser le système politique.

» Le temps est arrivé où vous devez connaître les véritables intérêts de votre patrie ; vous unirez vos volontés et vos forces aux nôtres ; tous ensemble, nous vengerons les outrages que la férocité traîtresse des Anglais a faits à toutes les nations de l'Europe ; nous nous mettrons à l'abri de ses machinations, et vous jouirez de la protection que le Roi catholique mon maître vous accorde.

» Tout ce que je vous promets sera religieusement observé : je vous donne ma parole que tout soldat espagnol coupable de pillage ou d'un autre délit, sera puni suivant toute la rigueur de la loi, et que tout naturel ou habitant du royaume de Portugal qui prendra part à une conjuration ou à un tumulte contre l'armée espagnole, sera fusillé. La ville, le bourg, le village où l'on tirera un coup de fusil sur la troupe espagnole, remettra le coupable ou demeurera responsable de l'attentat. La même obligation est imposée à la justice de la juridiction ou de la paroisse sur le territoire de laquelle un soldat espagnol aura été tué, et en outre cette juridiction ou paroisse paiera le triple de la contribution annuelle, et ses quatre principaux habitans seront pris en otage pour l'acquittement de cette amende.

S'il n'y a pas lieu à infliger les peines ci-dessus énoncées, j'éprouverai une satisfaction particulière qui sera encore plus grande en voyant que les Portugais et les Espagnols sont attachés les uns aux autres, et que loin de mériter des châtimens, leur conduite est digne de récompense.

» A Porto, le 13 décembre 1807.

» FRANCISCO DE TARANCO. »

(B.) *Décret du général Junot.*

« Le gouverneur de Paris, premier aide-de-camp de S. M. l'Empereur et Roi, général en chef :

» Habitans de Lisbonne,

» La révolte est le plus grand de tous les crimes.

» Vous vous êtes laissé entraîner hier par quelque malintentionnés qui, pour vous compromettre, ont fait feu sur mes troupes, étant au milieu de vous. Je les connais; ils paieront de leurs têtes l'insulte qu'ils ont osé faire au drapeau français. Je ne confonds pas avec eux les honnêtes habitans de Lisbonne, et c'est pour la sûreté des bons citoyens que j'ordonne ce qui suit :

» Tout attroupement, de quelque nature que ce soit, est défendu. Tout individu rencontré armé dans un rassemblement, sera traduit à la commission militaire créée par mon décret de ce jour, pour être jugé et condamné à trois mois de prison, s'il ne s'est pas servi de ses armes, et à la mort, dans le cas où il en aurait fait usage.

» Tout individu arrêté dans un attroupement, et convaincu d'être un des chefs de la révolte, sera puni de mort.

» Donné au palais du quartier-général à Lisbonne, le 14 décembre 1807.

» JUNOT. »

(C.) Don José Francisco de Mendoça, cardinal de la sainte Église romaine, né en 1725, était patriarche de Lisbonne. A l'arrivée de l'armée commandée par le général Junot, ce prélat fit paraître le mandement suivant, et mourut peu de mois après.

Joseph II, cardinal patriarche de Lisbonne, à tous les fidèles ecclésiastiques et séculiers de notre patriarchat, salut et bénédiction.

« Très-chers fils en Jésus-Christ, quoique notre âge avancé et le poids des infirmités qu'il a plu à la miséricorde divine de nous infliger, ne nous permettent point de vous parler de vive voix, au moins pouvons-nous nous adresser à vous comme votre père et votre pasteur, ainsi que nous l'avons déjà fait par l'intermédiaire de nos curés et de nos prédicateurs, et vous faire connaître nos sentimens et nos exhortations, afin qu'au jour fatal nous ne soyions pas accusés d'omission dans un devoir essentiel et important de notre ministère sacré, dont l'objet est de vous maintenir unis dans la charité chrétienne, afin d'obtenir le repos et la paix dont nous avons tous besoin dans les circonstances présentes.

» Oui, très-chers fils, vous connaissez par votre propre expérience la situation dans laquelle nous nous trouvons; mais vous n'ignorez pas non plus les faveurs que nous a accordées la clémence divine au milieu de si grandes tribulations. Bénis soient les jugemens du Très-Haut! Il est donc nécessaire que nous nous conformions aux immuables décrets de sa divine providence, et pour cela nous devons avant tout le remercier avec un cœur contrit et humilié des bienfaits que nous recevons continuellement de sa main libérale. Ce n'est pas un des moindres que le calme et le bon ordre avec lesquels a été reçue dans ce royaume une grande armée, qui, venant pour nous secourir, nous donne des espérances bien fondées de bonheur. Nous devons pour cela notre reconnaissance à l'activité et à la bonne direction du général en chef, dont les vertus nous étaient connues depuis long-temps.

» Ne craignez rien, très-chers fils; vivez en paix dans vos maisons et au-dehors; rappelez-vous que cette armée qui vous environne est celle de Sa Majesté l'empereur des Français et roi d'Italie, Napoléon-le-Grand, que Dieu a destiné à protéger les nations et à faire leur félicité. Vous le savez, le monde entier le sait: mettez une confiance inaltérable dans cet homme prodigieux, inconnu à tous les siècles. Il répandra sur nous la félicité de la paix, si vous respectez ses déterminations, si vous vous aimez tous mutuellement, nationaux et étrangers, avec une charité fraternelle. De cette manière, la religion et ses ministres seront toujours respectés; les cloîtres où sont renfermées les épouses du Seigneur ne seront pas violés; le peuple sera heureux. Agissez ainsi, très-chers fils, pour exécuter ce que Jésus-Christ notre seigneur nous a tant recommandé, savoir, de vivre soumis à ceux qui gouvernent, non-seulement à cause du respect que nous leur devons, mais encore pour l'acquit des devoirs que nous impose notre conscience.

» Nous recommandons aux curés et au reste du clergé de ce patriarchat, et nous les supplions, par les entrailles de Jésus-Christ, d'employer toute leur influence à procurer et conserver cette union, et de donner aux fidèles des instructions propres à leur bien faire connaître les avantages qui en résulteront pour eux.

» Et pour que personne n'en ignore, nous ordonnons que le présent mandement sera lu aux prônes dans toutes les églises, et qu'il sera affiché dans les lieux accoutumés.

» Donné à la Junqueira, dans le palais de notre résidence, sous notre seing, et scellé du sceau de nos armes le 8 décembre 1807.

» J., cardinal-patriarche,

» Par Son Éminence :

» THOMAS ANTONIO CARNEIRO. »

(D.) *Décret impérial.*

« Napoléon, empereur des Français, roi d'Italie, protecteur de la Confédération du Rhin, nous avons décrété et décrétons ce qui suit :

» Art. 1er. Une contribution extraordinaire de guerre

de cent millions de francs sera mise sur le royaume de Portugal pour servir de rachat aux propriétés des particuliers, sous quelque dénomination que ce puisse être.

» 2. Cette contribution sera répartie par provinces et par villes, suivant les facultés de chacune, par les soins du général en chef de notre armée, qui prendra les mesures nécessaires pour la faire rentrer promptement.

» 3. Tous les biens appartenans à la reine de Portugal, au prince régent et aux princes apanagés, seront séquestrés.

» Tous les biens appartenans à ceux qui ont accompagné le prince régent, quand il a abandonné le pays, et qui ne seront pas rentrés dans le royaume au 15 février 1808, seront également mis sous le séquestre.

» Fait au palais royal de Milan, le 23 décembre 1807.

» Napoléon. »

(E.) *Proclamation du général Junot.*

« Le gouverneur de Paris, premier aide-de-camp de Sa Majesté l'Empereur et Roi, général en chef :

» Habitans du royaume de Portugal,

» Vos intérêts ont fixé l'attention de S. M. l'Empereur,

notre auguste maître ; toute irrésolution doit cesser ; le sort du Portugal est arrêté, et son bonheur futur est assuré, puisque Napoléon-le-Grand le prend sous sa toute-puissante protection.

» Le prince du Brésil, en abandonnant le Portugal, a renoncé à tous ses droits à la souveraineté de ce royaume. La maison de Bragance a cessé de régner sur le Portugal. L'empereur Napoléon veut que ce beau pays soit administré et gouverné tout entier en son nom, et par le général en chef de son armée.

» La tâche que cette marque des bontés et de la confiance de mon maître m'impose, est difficile à remplir ; mais j'espère y réussir, aidé des travaux des hommes les plus instruits du royaume et de la bonne volonté de tous les habitans.

» J'ai établi un conseil du gouvernement pour m'éclairer sur le bien à faire : des administrateurs seront envoyés dans les provinces pour s'assurer des moyens d'améliorer l'administration et d'y établir l'ordre et l'économie. J'ordonne que des routes soient ouvertes et des canaux creusés, pour faciliter les communications et faire fleurir l'agriculture et l'industrie nationale, ces deux branches si nécessaires à la prospérité d'un pays, et qu'il sera facile de relever avec un peuple spirituel, patient et brave. Les troupes portugaises, commandées par leurs chefs les plus recommandables, ne feront bientôt plus qu'une même famille avec les soldats de Marengo, d'Austerlitz, d'Iéna, de Friedland, et ne rivaliseront avec eux que de courage et de discipline. Les finances bien administrées assureront à chaque employé le prix de son travail; l'instruction publique, cette mère de la civilisation des peuples, se répandra dans chaque province, et les provinces des Algarves et de Beira-Alta auront peut-être aussi un jour leur Camoëns. La religion de vos pères, celle que nous professons tous, sera protégée et secourue par la même volonté qui a su la rétablir dans le vaste empire français, mais délivrée des superstitions qui la déshonorent; la justice sera rendue avec équité, et débarrassée des longueurs et de l'arbitraire qui l'entravaient. La tranquillité publique ne sera plus troublée par un brigandage affreux, résultat de l'oisiveté, et, s'il existe des scélérats incorrigibles, une bonne police en délivrera la société : l'hideuse mendicité ne traînera plus ses haillons dans la superbe capitale ni dans l'intérieur du royaume; des maisons de répression seront établies pour cela; le pauvre estropié y trouvera un asile, et le fainéant y sera employé à un travail nécessaire même à sa conservation.

» Habitans du royaume de Portugal, soyez rassurés et tranquilles; repoussez les instigations de ceux qui voudraient vous porter à quelque révolte, et à qui il importe peu de faire répandre le sang, pourvu que ce soit du sang continental : livrez-vous avec confiance à vos travaux, vous en recueillerez le fruit; s'il faut que vous fassiez quelques sacrifices dans les premiers momens, c'est pour mettre le gouvernement à même d'améliorer votre sort; ils sont d'ailleurs indispensables pour l'entretien d'une grande armée, nécessaire aux vastes projets du grand Napoléon : son œil vigilant vous a fixés, et votre bonheur futur est assuré; vous lui serez aussi chers que ses sujets français; mais méritez ses bienfaits par votre respect et votre soumission pour ses volontés.

» Donné au palais du quartier-général à Lisbonne, le 1er février 1808.

» JUNOT. »

(F.) *Ordre du jour du 24 avril.*

« Le général en chef, satisfait de la conduite de l'équipage de la corvette de Sa Majesté Impériale et Royale *la Gavotte*, commandée par M. Leblond-Plassan, lieutenant de vaisseau, dans l'action qui a eu lieu pendant la nuit du 22 au 23 de ce mois, entre ladite corvette et cinq chaloupes anglaises, ayant à bord plus de cent cinquante hommes, s'empresse de faire connaître à l'armée, par la voie de l'ordre du jour, les particularités suivantes :

» Vers les deux heures du matin, cinq chaloupes anglaises ont abordé *la Gavotte* à deux reprises différentes, et chaque fois elles ont été repoussées à l'arme blanche et à coups de pistolet. La troisième fois, les chaloupes ont tenté l'abordage ; mais le feu de la corvette a été si vif et si bien dirigé, qu'elles n'ont pensé qu'à se sauver en abandonnant ceux des leurs qui étaient encore embarrassés dans les cordages, et qu'on a jetés à la mer.

» Dans cette occasion, l'ennemi a perdu au moins quarante hommes. L'officier commandant l'expédition a été tué par M. Leblond-Plassan ; son chapeau et son pistolet sont restés au pouvoir du commandant de la marine.

» Nous avons perdu un seul homme ; il faisait partie du détachement de la légion hanovrienne à bord de *la Gavotte*.

» Les Anglais voulaient fêter le jour anniversaire de Saint-Georges. Ce n'est pas ainsi que l'armée française a solennisé l'anniversaire du couronnement de son Empereur et de la bataille de Marengo.

» Donné au palais du quartier-général à Lisbonne, le 24 avril 1808.

» JUNOT. »

(G.) *Lettre de la députation portugaise à ses concitoyens.*

« Messieurs,

» La confiance que vous avez placée dans le grand prince auprès duquel nous avons l'honneur d'être les interprètes de vos sentimens et de vos vœux, a été inspirée moins par le seul instinct des intérêts de notre patrie que par le désir de confier la décision de notre sort au puissant monarque qui a su passer de la restauration de la patrie à la constitution de l'Europe.

» Le temps de notre séjour aux frontières de France, qui a précédé l'arrivée de S. M. Impériale et Royale, nous a montré dans toute son étendue l'empire qu'exerce sur tous les cœurs ce puissant monarque. Les acclamations toujours croissantes de ses sujets nous ont annoncé le moment qui devait combler leur bonheur et commencer le nôtre.

» S. M. Impériale a donné le premier jour de son arrivée à Bayonne à ses sujets (c'est le tribut ordinaire de sa sollicitude pour eux). Elle a daigné nous accorder le second.

» Les connaissances de S. M. sur toutes les parties de votre position, de vos besoins, de vos intérêts, avaient précédé tout ce que nous avions à lui dire. Si quelque chose peut égaler son génie, c'est la grandeur de son ame et la générosité de ses principes.

» Dans le temps où Sa Majesté daignait nous parler de nos circonstances politiques avec la plus rassurante affabilité, elle ajoutait les observations les plus touchantes pour notre bonheur, manifestait les principes les plus élevés sur l'usage des droits que les circonstances lui ont donnés. Ce n'est pas en vainqueur que Sa Majesté est entrée chez vous et qu'elle y veut rester; elle sait que vous n'avez jamais été en guerre avec elle; trop de distance sépare son empire de notre patrie, pour qu'elle puisse y veiller avec l'attention qui ne l'abandonne jamais pour ses autres États, et qui peut suffire à leurs besoins et à son amour pour ceux qui ont le bonheur d'être ses sujets. Trop d'inconvéniens suivent la délégation des grands pouvoirs à des distances éloignées. Sa Majesté ne conserve aucun sentiment de rancune, de haine, de vengeance contre le prince qui nous gouvernait ni contre sa famille; elle est occupée de plus nobles objets : il ne s'agit pour elle que de vous attacher avec les autres parties de l'Europe au grand système continental dont elle est occupée, et dont nous devons former le dernier anneau. Il s'agit de vous soustraire aux influences étrangères qui vous ont dominés pendant tant d'années. L'Empereur ne peut souffrir une colonie anglaise sur le continent; l'Empereur ne veut et ne peut pas laisser aborder en Portugal le prince qui l'a quitté en se confiant à la garde des vaisseaux anglais.

» Sa Majesté Impériale et Royale, considérant les différens rapports de votre situation, a daigné nous déclarer que notre sort était entre nos mains, qu'il dépendait de l'esprit public que nous saurions montrer, de la force avec laquelle nous nous rattacherions au système général du continent, avec laquelle nous concourrions aux événemens préparés déjà, ainsi que de notre vigilance et de notre constance à repousser les insinuations et les intrigues que l'on peut craindre, et qui, sans avantage réel pour ceux qui en seraient les auteurs ou les objets, ne pourraient que devenir des malheurs pour nous : que ce serait à ces signes qu'elle jugerait si nous sommes dignes de former encore une nation capable de soutenir le prince qui aurait à nous gouverner, de reprendre encore place parmi les nations, ou d'être confondue avec celle que sa position rapproche de nous, pendant que de si puissans motifs nous en éloignent.

» Vous verrez avec admiration et reconnaissance, dans ces sages dispositions, les profondes connaissances de Sa Majesté ; elle ne veut prononcer sur le sort d'une nation que d'après son vœu exprimé par ses actions. C'est aux magistrats et aux autorités qui existent parmi vous, c'est à vous tous à donner la plus grande manifestation aux intentions bienfaisantes de Sa Majesté Impériale et Royale. Vous ne démentirez pas les assurances que nous lui avons offertes en votre nom ; et lorsque du fond de nos cœurs s'est élevé le cri unanime de vouloir rester une nation, nous sommes bien sûrs d'avoir été alors plus que jamais vos véritables organes.

» Montrez à Sa Majesté qui, après tant d'orages, a su faire de sa patrie le premier pays de la terre, que la nôtre ne mérite pas d'en être le dernier.

» L'Empereur connaît les privations que vous fait éprouver l'interruption momentanée du commerce. Cet état n'a pour vous rien qui soit étranger au reste de l'Europe et à l'Amérique : c'est la suite d'une lutte dont l'issue doit vous dédommager des souffrances du temps actuel. L'entrée d'une armée française sur votre territoire est un mal qui ne lui est pas échappé. C'est à prévenir le retour de ce malheur qu'aspire Sa Majesté Impériale et Royale ; elle a paru affectée de la surcharge de la contribution dont le Portugal a été frappé, et sa bonté lui a fait prononcer l'assurance de la réduire à de justes bornes, à celles qui sont compatibles avec nos moyens. Nos concitoyens, qui avaient été détenus prisonniers en France, jouissent déjà, grâces à sa clémence, de leur liberté.

» C'est d'après l'autorisation de Sa Majesté Impériale et Royale que nous vous faisons part de ses intentions. Nous sommes convaincus qu'elles ne trouveront parmi vous que de la reconnaissance, et le plus sincère et le plus vif empressement à vous y conformer. Nous continuerons de remplir auprès de Sa Majesté, et d'après ses ordres, une mission qui n'a plus de difficultés, puisque la bonté de l'Empereur s'unit à sa sagesse pour simplifier nos plus grands intérêts.

» Bayonne, le 27 avril 1808.

» Marquis DE PENALVA, marquis DE VALENÇA, marquis DE MARIALVA, NUNHO CUETANO ALVARÈS PEREYRA DE MELLO; JOSÉ, marquis D'ABRANTÈS, comte DE SABUGAL, l'évêque DE COIMBRE, l'inquisiteur-général, vicomte DE BARBACENA, LORENÇO DE LIMA, JOSÉ PRIOR MOR D'AVIS, JOACHIM ALBERTO GEORGES, ANTONIO THOMAS DA SILVA LEITAO. »

(H.) Cette adresse, de la teneur qui suit, fut rédigée par douze délégués des trois États, au nom du clergé séculier et régulier, des ordres militaires, du corps de la noblesse, du tribunal suprême, dit *desembargo do paco*, des neuf autres conseils judiciaires et administratifs, du sénat de Lisbonne, du juge du peuple, et des chefs des vingt-quatre corporations des métiers.

« Sire,

» Les représentans de la nation portugaise, de cette nation connue dans les annales du monde, et nous osons ajouter, célèbre par ses conquêtes et par sa fidélité, ont l'honneur de se présenter devant le trône auguste de Votre Majesté Impériale et Royale.

» Le Portugal a dû, Sire, éprouver le contre-coup des événemens extraordinaires qui ont agité l'Europe entière; il a été victime innocente des erreurs politiques de son gouvernement.

» En considérant les intérêts et les relations qui forment aujourd'hui le système fédératif de l'Europe, et nous reposant sur les dispositions bienfaisantes que Votre Majesté Impériale a daigné manifester envers le Portugal, nous sommes fondés à concevoir les plus douces espérances d'un heureux avenir, et déjà nous croyons en jouir sous l'égide et la protection magnanime du héros du monde, de l'arbitre des rois et des peuples, qui seul peut cicatriser les plaies de notre patrie, la préserver des dangers de l'esclavage, et lui donner cette place distinguée entre les puissances de l'Europe, que la profonde politique de Votre Majesté semble lui avoir déjà marquée.

» Notre situation présente et le calcul des probabilités futures nous font clairement connaître la cause des maux que nous avons soufferts, et le seul remède qui puisse les faire cesser.

» Interprètes et dépositaires du vœu de la nation entière et en son nom, nous supplions Votre Majesté de nous admettre à former un jour une portion de la grande famille dont elle est le chef et le père tout-puissant et bienfaisant, et nous osons nous flatter de mériter cette grâce.

» Le représentant de Votre Majesté, le général en chef et toute son armée peuvent attester quel est l'esprit public de notre nation, que ni les privations ni les grands sacrifices que les circonstances nous ont imposés n'ont jamais pu affaiblir; ils ont reconnu que nous professions tous envers Votre Majesté les sentimens d'admiration, de respect et de reconnaissance, que les intrigues, les insinuations des ennemis de notre tranquillité, et par-dessus tout le détestable exemple de nos voisins, n'ont fait que fortifier en développant cet ancien germe d'affection qui a toujours subsisté entre les deux nations.

» Les Portugais n'ont point oublié que leur premier souverain, le comte Henri, fut un prince français; ils sont pleinement convaincus que le Portugal ne peut conserver son indépendance, reprendre son ancienne énergie et le sentiment de sa propre dignité, qu'avec l'appui des dispositions bienveillantes de Votre Majesté.

» Heureux si Votre Majesté nous jugeait dignes d'être comptés au nombre de ses fidèles sujets!

» Mais si, dans ses hautes conceptions, Votre Majesté pensait que notre situation géographique ou quelqu'autre raison politique ne dût pas nous permettre de jouir de ce bonheur, que Votre Majesté daigne nous donner un prince de son choix; nous lui remettrons avec autant de respect que de confiance la défense de nos lois, de nos droits, de notre religion, et des intérêts les plus sacrés de notre patrie.

» Sous les auspices de la Providence, assurés de la glorieuse protection de Votre Majesté, et régénérés par le gouvernement tutélaire, que nous supplions unanimement Votre Majesté de nous accorder, nous espérons, Sire, que le Portugal, affermi à jamais par l'affection du plus grand des monarques, et lié aux destins de la France par une même constitution politique, verra renaître les heureux jours de son ancienne grandeur, que sa prospérité sera solide comme votre gloire et éternelle comme votre nom.

» Lisbonne, le 24 mai 1808. »

(I.) *Projet pour la Constitution de Portugal.*

« Les Portugais se souvenant qu'ils sont d'origine française, comme descendans de ceux qui ont conquis ce beau pays sur les Maures en 1147, et qu'ils doivent à la France, leur mère-patrie, le bienfait de l'indépendance qu'ils ont recouvrée comme nation en 1640, s'empressent de recourir avec respect et reconnaissance à la protection paternelle que veut bien leur accorder le plus grand des monarques. L'immortel Napoléon daigne nous faire connaître sa volonté par l'organe de nos députés; il veut que nous soyons heureux et que nous nous rattachions par des liens indissolubles au système continental de la famille européenne; il veut que les nations qui composent cette grande famille vivent dans l'union, et qu'elles puissent bientôt jouir des douceurs d'une longue paix à l'ombre de sages gouvernemens fondés sur les grandes bases de la législation, de la liberté des mers et du commerce. C'est notre unique intérêt à nous, Portugais, comme aux autres peuples confédérés. Que notre députation continue donc à être près de Sa Majesté Impériale et Royale l'interprète de nos vœux unanimes, et qu'elle lui dise :

» Sire, nous désirons être encore plus que nous n'étions quand nous avons ouvert l'Océan à l'univers entier.

» Nous demandons une constitution et un roi constitutionnel qui soit prince du sang de votre famille impériale.

» Nous serons heureux d'avoir une Constitution semblable en tout à celle que Votre Majesté Impériale et Royale a trouvé bon de donner au grand-duché de Varsovie, avec cette seule différence que les représentans de la nation soient élus par les Chambres municipales, afin de nous conformer à nos anciens usages.

» Nous voulons une Constitution où, comme à Varsovie, la religion catholique, apostolique et romaine, soit la religion de l'État; dans laquelle soient admis les principes du dernier concordat entre l'Empire français et le Saint-Siége, par laquelle tous les cultes soient libres et jouissent de la tolérance civile et de l'exercice public;

» Dans laquelle tous les citoyens soient égaux devant la loi;

» Dans laquelle notre territoire européen soit divisé en huit départemens, et où la circonscription ecclésiastique corresponde à la division politique, de manière qu'il n'y ait qu'un archevêque et sept évêques;

» Dans laquelle nos colonies, fondées par nos ancêtres et arrosées de leur sang, soient considérées comme des provinces ou départemens, et faisant partie intégrante du royaume, afin que leurs représentans désignés dès à présent trouvent dans notre organisation sociale les places qui leur appartiennent, aussitôt qu'ils viendront ou pourront venir les occuper;

» Dans laquelle il y ait un ministère spécial pour diriger et surveiller l'instruction publique;

» Dans laquelle la presse soit libre, car l'ignorance et l'erreur ont amené notre décadence;

» Dans laquelle le pouvoir exécutif soit assisté des lumières d'un conseil d'Etat, et ne puisse agir que par l'intermédiaire de ministres responsables;

» Dans laquelle le pouvoir législatif soit exercé par deux Chambres, avec la participation de l'autorité exécutive;

» Dans laquelle l'ordre judiciaire soit indépendant, le Code Napoléon mis en pratique, les jugemens rendus avec équité, publicité et promptitude;

» Dans laquelle les fonctions publiques soient exercées exclusivement par les nationaux les plus méritans, ainsi qu'il est fixé par le titre II de la Constitution polonaise;

» Dans laquelle les biens de main-morte soient mis en circulation;

» Dans laquelle les impôts soient répartis suivant les moyens et la fortune de chacun, où il n'y ait aucune exemption, et où la perception soit facile et non oppressive pour les imposés;

» Dans laquelle la dette de l'Etat soit consolidée et garantie dans toute son étendue, puisque les ressources ne manquent pas pour y faire face.

» Nous voulons également que l'organisation des corps d'administration civile, économique et judiciaire, soit réglée sur le modèle de l'Empire français, et par conséquent que le nombre immense de nos fonctionnaires publics soit réduit ; mais nous désirons et nous demandons que tous les employés et fonctionnaires supprimés reçoivent pendant leur vie, leur traitement ou au moins une pension proportionnée aux revenus des emplois qu'ils avaient, et qu'à mesure des vacances on les replace de préférence à tout autre.

» Il était sans doute inutile de rappeler cette mesure d'équité au grand Napoléon ; mais Sa Majesté Impériale et Royale, en voulant connaître notre opinion sur ce qui nous convient, nous prouve d'une manière évidente qu'il est encore plus notre père que notre souverain ; puisque, comme un bon père, il daigne consulter ses enfans et leur prodiguer les moyens d'être heureux. *Vive l'Empereur !* »

LIVRE TROISIÈME.

(J.) *Lettre de Ferdinand, prince des Asturies, à l'empereur Napoléon.*

« Sire, la crainte d'incommoder Votre Majesté Impériale et Royale au milieu de ses exploits et des affaires majeures qui l'entourent sans cesse, m'a empêché jusqu'ici de satisfaire directement le plus vif de mes désirs, celui d'exprimer au moins par écrit les sentimens de respect, d'estime et d'attachement, que j'ai voués à un héros qui efface tous ceux qui l'ont précédé, et qui a été envoyé par la Providence pour sauver l'Europe du bouleversement total qui la menaçait, pour affermir ses trônes ébranlés, et pour rendre aux nations la paix et le bonheur.

» Les vertus de Votre Majesté Impériale, sa modération, sa bonté même envers ses plus injustes et implacables ennemis, tout me faisait espérer que l'expression de ces sentimens en serait accueillie comme l'effusion d'un cœur rempli d'admiration et de l'amitié la plus sincère.

» L'état où je me trouve depuis long-temps, et qui ne peut échapper à la vue perçante de Votre Majesté Impériale, a été jusqu'à présent un second obstacle qui a arrêté ma plume prête à lui adresser mes vœux ; mais plein de l'espérance de trouver dans la magnanime générosité de Votre Majesté Impériale la protection la plus puissante, je me suis déterminé, non-seulement à lui témoigner les sentimens de mon cœur envers son auguste personne, mais à l'épancher dans son sein comme dans celui du père le plus tendre.

» Je suis bien malheureux d'être obligé, par les circonstances, à cacher comme un crime une action si juste et si louable ; mais telles sont les conséquences funestes de l'extrême bonté des meilleurs rois.

» Rempli de respect et d'amour filial pour celui à qui je dois le jour, et qui est doué du cœur le plus droit et le plus généreux, je n'oserais jamais dire qu'à Votre Majesté Impériale, ce qu'elle connaît mieux que moi, que ces mêmes qualités si estimables ne servent que trop souvent d'instrument aux personnes artificieuses et méchantes pour obscurcir la vérité aux souverains, quoique si analogue à des caractères comme celui de mon respectable père.

» Si ces mêmes hommes qui, par malheur, existent ici, lui laissaient connaître à fond celui de Votre Majesté Impériale, comme je le connais, avec quelle ardeur ne souhaiterait-il pas de serrer les nœuds qui doivent unir nos deux maisons! et quel moyen plus propre pour cet objet que celui de demander à Votre Majesté Impériale l'honneur de m'allier à une princesse de son auguste famille? C'est le vœu unanime de tous les sujets de mon père, ce sera aussi le sien, je n'en doute pas, malgré les efforts d'un petit nombre de malveillans, aussitôt qu'il aura connu les intentions de Votre Majesté Impériale : c'est tout ce que mon cœur désire; mais ce n'est pas le compte de ces égoïstes perfides qui l'assiégent, et ils peuvent dans un premier moment le surprendre. Tel est le motif de mes craintes.

» Il n'y a que le respect de Votre Majesté Impériale qui puisse déjouer leurs complots, ouvrir les yeux à mes bons, à mes bien-aimés parens, les rendre heureux, et faire en même temps le bonheur de ma nation et le mien.

» Le monde entier admirera de plus en plus la bonté de Votre Majesté Impériale, et elle aura toujours en moi un fils le plus reconnaissant et le plus dévoué.

» J'implore donc, avec la plus grande confiance, la protection paternelle de Votre Majesté, afin que non-seulement elle daigne m'accorder l'honneur de m'allier à sa famille, mais qu'elle aplanisse toutes les difficultés et fasse disparaître tous les obstacles qui peuvent s'opposer à cet objet de mes vœux.

» Cet effort de bonté de la part de Sa Majesté Impériale m'est d'autant plus nécessaire, que je ne puis pas de mon côté en faire le moindre, puisqu'on le ferait passer peut-être pour une insulte faite à l'autorité paternelle, et que je suis réduit à un seul moyen, à celui de me refuser, comme je le ferai avec une invincible constance, à m'allier à toute personne que ce soit, sans le consentement et l'approbation positive de Votre Majesté Impériale, de qui j'attends uniquement le choix d'une épouse.

» C'est un bonheur que j'espère de la bonté de Votre Majesté Impériale, en priant Dieu de conserver sa précieuse vie pendant de longues années.

» Écrit et signé de ma propre main et scellé de mon sceau, à l'Escurial, le 11 octobre 1807.

» De Votre Majesté Impériale et Royale le très-affectionné serviteur et frère,

» FERDINAND. »

(K.) *Décret du roi Charles IV.*

« Dieu, qui veille sur tous ses enfans, ne permet pas la consommation des faits atroces dirigés contre des victimes innocentes. C'est par le secours de sa toute-puissance que j'ai été sauvé de la plus affreuse catastrophe. Mes peuples, mes sujets, tout le monde connaît ma religion et la régularité de ma conduite : tous me chérissent et me donnent ces marques de vénération qu'exigent le respect d'un père et l'amour de ses enfans. Je vivais tranquille au sein de ma famille dans la confiance de ce bonheur, lorsqu'une main inconnue m'apprend et me dévoile le plus énorme plan et le plus inattendu qui se tramait dans mon propre palais contre ma personne. Ma vie, qui a été si souvent en danger, était une charge pour mon successeur, qui, préoccupé, aveuglé, et abjurant tous les principes de religion qui lui étaient imposés avec le soin et l'amour paternel, avait adopté un plan pour me détrôner. J'ai voulu m'en imposer sur la vérité de ce fait; l'ayant surpris dans mon appartement, j'ai mis sous ses yeux les chiffres d'intelligence et circonstances qu'il recevait des malveillans : j'ai appelé à l'examen le gouverneur lui-même du conseil; je l'ai associé aux autres ministres, pour qu'ils prissent avec la plus grande diligence leurs informations. Tout s'est fait : il en est résulté la connaissance de différens coupables, dont la réclusion a été décrétée; celle de mon fils est son habitation. Cette peine est venue accroître celles qui m'affligent; mais aussi comme elle est la plus sensible, elle est aussi la plus importante à purger. En conséquence, j'ordonne que le résultat en soit public. Je ne veux pas cacher à mes sujets l'authenticité d'un chagrin qui sera diminué, lorsqu'il sera accompagné de toutes les preuves acquises avec loyauté. Je vous fais connaître mes intentions, pour que vous les fassiez circuler dans les formes convenables.

» A San-Lorenzo, le 30 octobre 1807.

» MOI, LE ROI.

« Le gouverneur par intérim du Conseil royal de Castille. »

(L.) Il faut lire l'aveu des inquiétudes croissantes de Godoy dans ses lettres à don Eugenio Izquierdo, son chargé d'affaires à Paris. Cette correspondance fait partie de l'utile collection du chanoine Llorente, intitulée : *Memorial para la historia de la revolucion espanola recogidas y compiladas por don Juan Nellerto.*

» Le 3 novembre 1807, cinq jours après la découverte de la conjuration de l'Escurial, le prince de la Paix écrivait : « Tout Madrid est dans la rumeur et dans l'attente. » Il me revient que l'ambassadeur Beauharnais a dit que » les troupes françaises y établiront leur quartier-géné-

» ral. J'ai beaucoup à faire contre tant d'ennemis, mais » le canon les réduira. »

» Le 18 du même mois, sa confiance était moins grande. « Les choses prennent un aspect terrible. Du secret, et » soyez attentif à ce qui se passe. »

» Le 24, il exprimait ses craintes d'une manière encore plus positive. « Le mouvement de Madrid, excité » par des bruits sortis de l'ambassade de France, n'est » pas entièrement calmé. Tout est bouleversé, et je ne » sais si ma constance pourra surmonter tant de maux. » Mille fois j'ai pensé à quitter mes emplois, et je le fe- » rai, ne me réservant que les affaires relatives à la guerre, » puisque cela a été convenu ainsi entre notre Roi et » l'Empereur. Je me propose de mettre l'infant don » Francisco à la tête de l'amirauté. Etant élevé dans ce » travail, il pourra, quand ses parens viendront à man- » quer, se soutenir contre les attaques qu'on intenterait » à l'établissement. Parlez au grand-duc de Berg de cette » affaire et dans le sens de ma lettre, car son opinion est » pour moi d'une grande importance. Vous savez que » l'affection d'un peuple est passagère, et qu'il est enclin » à distribuer le blâme avec autant de facilité que la » louange. Vous voyez de combien de désastres je suis » menacé; enfin, je ne suis pas content. »

» Le 18 décembre, il cherchait à se persuader que si

l'Empereur venait en Espagne, ce serait dans des vues pacifiques, et il faisait des efforts pour se rassurer. « Soyez » tranquille, disait-il alors à Izquierdo, je suis au-des-» sus de tout. L'iniquité des séducteurs m'a donné la me-» sure de ce qu'ils valent, et m'a fourni des preuves que » je n'aurais pas acquises sans cela. »

» Ce prétendu calme ne fut pas de longue durée : les troupes françaises entraient de partout en Espagne, et se répandaient dans les provinces de l'intérieur. Le prince de la Paix écrivit le 9 février 1808 à son confident : « Je » ne reçois pas de lettre de vous. Le traité que vous avez » signé ne subsiste plus. Le royaume est couvert de trou-» pes françaises; elles vont occuper les passages qui con-» duisent en Portugal, et Junot commande le tout. On » nous a demandé le reste de nos escadres, et les ordres » sont donnés pour qu'elles marchent réunies à celles » de l'Empereur. Tout est incertitude, intrigue et sujet » de crainte; l'opinion publique divisée, le prince, hé-» ritier du trône, impliqué dans un procès de lèse-ma-» jesté. Les troupes alliées vivent à nos dépens. Nous » continuons à payer le subside, sans qu'aucune consi-» dération nous délivre de cette charge. L'emprunt de » Hollande s'est fait suivant votre avis, mais nous n'en » tirons aucun profit. Vous, mal vu à Paris! l'ambassa-» deur nul! que diable est tout ceci? comment cela fini-

» ra-t-il? Je vous ai appelé pour que vous rendiez » compte; vous n'êtes pas venu. Si vous savez quelque » chose, dites-le; si vous ne savez rien, n'en faites pas » mystère. » C'est d'après cette lettre, et pour dissiper les inquiétudes du prince de la Paix, que don Eugenio Izquierdo sollicita et obtint de l'empereur Napoléon la permission de se rendre à Madrid. »

(M.) *Lettre du roi Charles IV à l'empereur Napoléon.*

« Monsieur mon frère, il y avait long-temps que le prince de la Paix m'adressait des instances réitérées pour obtenir de se démettre des charges de généralissime et amiral. Je me suis prêté à ses désirs, en lui accordant la démission de ces charges; mais comme je ne saurais oublier les services qu'il m'a rendus, et notamment celui d'avoir coopéré à mes désirs constans et invariables de maintenir l'alliance et l'amitié intime qui m'unissent à Votre Majesté Impériale et Royale, je conserverai à ce prince mon estime.

» Bien persuadé que rien ne sera plus agréable à mes sujets, ni plus convenable pour réaliser les desseins importans de notre alliance, que de me charger moi-même du commandement de mes armées de terre et de mer, j'ai pris cette résolution, et je m'empresse d'en faire part à Votre Majesté Impériale et Royale, considérant qu'elle verra dans cette communication une nouvelle preuve de mon attachement pour sa personne, et de mes désirs constans de maintenir les rapports intimes qui m'unissent à Votre Majesté Impériale et Royale, avec cette fidélité qui me caractérise, et dont Votre Majesté a les preuves les plus éclatantes et réitérées.

» La continuation des douleurs de rhumatisme qui m'interdit depuis quelques jours l'usage de la main droite, me prive du plaisir d'écrire de ma main à Votre Majesté

» Je suis, avec les sentimens de la plus parfaite estime et de l'attachement le plus sincère,

» De Votre Majesté Impériale et Royale
le bon Frère, CHARLES.

» A Aranjuez, le 18 mars 1808. »

(N.) *Décret royal.*

« Comme mes infirmités habituelles ne me permettent pas de supporter plus long-temps le poids important du gouvernement de mon royaume, et ayant besoin, pour rétablir ma santé, de jouir d'un climat plus tempéré dans la vie privée, j'ai décidé, après la plus mûre délibération, d'abdiquer ma couronne en faveur de mon héritier, mon très-aimé fils le prince des Asturies.

» En conséquence, ma volonté royale est qu'il soit reconnu et obéi comme roi et seigneur naturel de tous mes royaumes et souverainetés; et pour que ce décret royal de ma libre et spontanée abdication soit exactement et dûment accompli, vous le communiquerez au conseil et à tout autre à qui il appartiendra.

» Donné à Aranjuez le 19 mars 1808.

» Moi, le Roi.

» A don Pedro Cevallos. »

(O.) *Lettre de l'empereur des Français à Ferdinand.*

« Mon frère, j'ai reçu la lettre de Votre Altesse Royale; elle doit avoir acquis la preuve, dans les papiers qu'elle a eus du roi son père, de l'intérêt que je lui ai toujours porté; elle me permettra, dans la circonstance actuelle, de lui parler avec franchise et loyauté. En arrivant à Madrid, j'espérais porter mon illustre ami à quelques réformes nécessaires dans ses États, et à donner quelque satisfaction à l'opinion publique. Le renvoi du prince de la Paix me paraissait nécessaire pour son bonheur et celui de ses peuples. Les affaires du Nord ont retardé mon voyage. Les événemens d'Aranjuez ont eu lieu. Je ne suis point juge de ce qui s'est passé et de la conduite du prince de la Paix ; mais ce que je sais bien, c'est qu'il est dangereux pour les rois d'accoutumer les peuples à répandre du sang et à se faire justice eux-mêmes. Je prie Dieu que Votre Altesse Royale n'en fasse pas elle-même l'expérience un jour. Il n'est pas de l'intérêt de l'Espagne de faire du mal à un prince qui a épousé une princesse du sang royal, et qui a si long-temps régi le royaume ; il n'a plus d'amis : Votre Altesse Royale n'en aura plus, si jamais elle est malheureuse. Les peuples se vengent volontiers des hommages qu'ils nous rendent. Comment, d'ailleurs, pourrait-on faire le procès au prince de la Paix sans le faire à la Reine et au Roi votre père ? Ce procès alimentera les haines et les passions factieuses; le résultat en sera funeste pour votre couronne : Votre Altesse Royale n'y a de droits que ceux que lui a transmis sa mère. Si le procès la déshonore, Votre Altesse Royale déchire par-là ses droits; qu'elle ferme l'oreille à des conseils faibles et perfides, elle n'a pas le droit de juger le prince de la Paix ; ses crimes, si on lui en reproche, se perdent dans les droits du trône. J'ai souvent manifesté le désir que le prince de la Paix fût éloigné des affaires. L'amitié du roi Charles m'a porté souvent à me taire, et à détourner les yeux des faiblesses de son attachement. Misérables hommes que nous sommes! faiblesse et erreur, c'est notre devise. Mais tout cela peut se concilier : que le prince de la Paix soit exilé d'Espagne, et je lui offre un refuge en France. Quant à l'abdication de Charles IV, elle a eu lieu dans un moment où mes armées couvraient les Espagnes, et aux yeux de l'Europe et de la postérité, je paraîtrais n'avoir envoyé tant de troupes que pour précipiter du trône mon allié et mon ami. Comme souverain voisin, il m'est permis de vouloir connaître avant de reconnaître cette abdication. Je le dis à Votre Altesse Royale, aux Espagnols et au monde entier : si l'abdication du roi Charles est de pur mouvement, s'il n'y a pas été forcé par l'insurrection et l'émeute d'Aranjuez, je ne fais aucune difficulté de l'admettre, et je reconnais Votre Altesse Royale pour roi d'Espagne. Je désire donc causer avec elle sur cet objet. La circonspection que je porte depuis un mois dans ces affaires doit lui être garant de l'appui qu'elle trouvera en moi, si à son tour des factions, de quelque nature qu'elles soient, venaient à l'inquiéter sur son trône.

» Quand le roi Charles me fit part de l'événement du mois d'octobre dernier, j'en fus douloureusement affecté, et je pense avoir contribué, par des insinuations que j'ai faites, à la bonne issue de l'affaire de l'Escurial. Votre Altesse Royale avait bien des torts; je n'en veux pour preuve que la lettre qu'elle m'a écrite et que j'ai voulu constamment oublier. Roi à son tour, elle saura combien les droits du trône sont sacrés. Toute démarche près d'un souverain étranger de la part d'un prince héréditaire est criminelle. Le mariage d'une princesse française avec Votre Altesse Royale est d'accord avec les intérêts de mes peuples, et il m'unirait par de nouveaux liens à une maison qui, depuis mon avénement au trône, ne m'a donné que des motifs de satisfaction. Votre Altesse Royale doit se défier des écarts et des émotions populaires.

» On pourra commettre quelques meurtres sur mes soldats isolés, mais la ruine de l'Espagne en serait le résultat. J'ai déjà vu avec peine qu'à Madrid on ait répandu des lettres du capitaine-général de la Catalogne, et fait tout ce qui pouvait donner du mouvement aux têtes. Votre Altesse Royale connaît ma pensée tout entière; elle voit que je flotte entre diverses idées qui ont besoin d'être fixées. Elle peut être certaine que, dans tous les cas, je me comporterai avec elle comme envers le roi son père. Qu'elle croie à mon désir de tout concilier, et de trouver des occasions de lui donner des preuves de mon affection et de ma parfaite estime.

» Sur ce, je prie Dieu, mon frère, qu'il vous ait en sa sainte et digne garde.

NAPOLÉON.

» Bayonne, le 16 avril 1808. »

(P.) Presque tous ceux qui donnèrent dans cette circonstance difficile des preuves de dévouement et de clairvoyance ont été proscrits, depuis que, par le renversement de la puissance française, les vieilles dynasties ont retrouvé leurs trônes. On a pris pour prétexte de ce traitement inique leur soumission à Joseph Bonaparte, comme si Ferdinand et ses conseillers n'en avaient pas donné à la fois le précepte et l'exemple. Le chevalier don Mariano-Luiz Urquijo est mort à Paris en 1817; ses derniers vœux ont été pour la liberté et le bonheur des Espagnols. Nous transcrirons ici une lettre qu'il écrivit, le 13 avril 1807, de Vitoria, après avoir vu la nouvelle cour à son passage. C'est la déduction la plus complète des motifs qui devaient empêcher Ferdinand VII de se rendre à Bayonne. Cette lettre est adressée à don Gregorio de la Cuesta, capitaine-général de la Vieille-Castille, un de ceux qui plus tard ont défendu la cause de l'indépendance de l'Espagne. Deux hommes unis entre eux par les liens de l'amitié, et également recommandables par la noblesse de leurs sentimens, ont été entraînés sous des bannières opposées, et ont servi la patrie par des moyens différens, chacun dans la ligne des devoirs qui lui était tracée.

« Mon cher ami, j'ai reçu hier, à midi, la lettre datée du 11, que vous m'envoyâtes par l'exprès. Je montai de suite à cheval, et je suis arrivé en cette ville à trois heures et demie du soir. Notre ami Mazaredo, qui n'a pu m'accompagner, parce qu'il était au lit, à cause d'une forte attaque de goutte, et ceci a été son bonheur, puisque (outre l'inutilité du voyage) il aurait été témoin de scènes très-désagréables. Vous me témoigniez dans votre lettre que je serai très-bien reçu, d'après ce que vous aviez entendu dire au roi Ferdinand et à sa suite à l'égard de ma personne, et que vous ne doutiez point que, par mes persuasions et les notions qu'ils pourraient avoir acquises, ils s'arrêteraient dans un voyage si dangereux et n'iraient pas plus avant.

» Quant au premier point, vous avez très-bien prévu, et moi-même je ne pouvais en douter, puisque le Roi, à peine assis sur son trône, avait déclaré spontanément injuste et arbitraire tout ce que j'avais souffert par la voie du même Cevallos qui avait été un des ministres qui avaient signé les ordres pour toutes les vexations faites contre ma personne pendant sept ans. Lorsque j'arrivai, je me présentai à Sa Majesté, qui venait d'arriver depuis une demi-heure; elle me traita avec la plus grande bonté, me combla d'honneurs, et m'invita à son dîner. Ceux qui l'accompagnaient m'ont fait beaucoup de politesses, particulièrement les ducs de San-Carlos et de l'Infantado. J'ai aussi eu le plaisir de revoir mes amis Murquiz et Labrador.

» La seconde partie est la plus affligeante. Je crois qu'ils sont tous aveugles et marchent à leur ruine inévitable. J'ai exposé la manière dont *le Moniteur* (qu'ils n'avaient pas bien lu, à ce qu'il paraît) rapportait le tumulte d'Aranjuez, qui occasiona l'abdication du roi Charles IV; je leur ai fait voir que le langage de ces gazettes n'était que l'explication des desseins de l'Empereur; je leur ai rappelé la proclamation adressée aux Espagnols en 1805, parce que, depuis ce temps, j'ai toujours cru que Napoléon projetait d'éteindre la dynastie régnante en Espagne, comme contraire absolument à l'élévation de la sienne; que ce dessein n'avait été suspendu que jusqu'au moment d'une occasion favorable, et qu'elle venait de se présenter dans les malheureux démêlés du père avec le fils, arrivés à l'Escurial; que les projets de l'Empereur se faisaient voir clairement par la manière dont il avait rempli l'Espagne de troupes et pris possession des places fortes, des arsenaux et de la capitale ; que, dans cette même ville de Vitoria, le Roi et tous ceux qui l'accompagnaient étaient comme dans une prison et gardés à vue par le général Savary, et que l'ordre que j'avais observé, depuis mon entrée, pour l'emplacement des troupes et la situation des casernes, tout venait à l'appui des soupçons.

» Après tout cela, je leur demandai quel était l'objet de leur voyage; comment le souverain d'une monarchie telle que celle d'Espagne et des Indes avilissait sa dignité aussi publiquement; comment on le conduisait vers un royaume étranger, sans invitation, sans préparatifs, sans toute l'étiquette que, dans de pareils cas, on doit observer, et sans avoir été reconnu comme roi, puisqu'on l'appelle toujours le prince des Asturies; qu'ils devaient se rappeler l'île des Faisans, dans les Pyrénées, où on prit tant de précautions pour l'entrevue qui devait avoir lieu entre les souverains d'Espagne et de France ; qu'il y eut un égal nombre de troupes des deux côtés de la Bidassoa, et qu'on pesa jusqu'aux harnais, afin d'éviter toute crainte, etc.

» Étonnez-vous-en, mon cher ami, on m'a seulement répondu qu'ils allaient contenter l'ambition de l'Empereur par quelques cessions de territoire et de commerce. Je ne pus m'empêcher de dire, en entendant cette réponse : « Vous pouvez lui donner toute l'Espagne. »

« Il y en eut qui parlèrent de guerre éternelle entre les deux nations, de construire deux forteresses inexpugnables dans chacune des deux Pyrénées, d'avoir toujours sous les armes cent cinquante mille hommes, enfin de mille autres chimères. Je fis observer seulement que, du côté des Pyrénées-Occidentales, il n'existait d'autre place plus forte que Pampelune, et que, d'après les généraux les plus expérimentés, et parmi plusieurs mon ami le général Urrutia (à qui je l'avais moi-même entendu dire), elle offrait très-peu de résistance; qu'on n'avait pas les cent cinquante mille hommes; qu'une grande partie de l'armée avait été envoyée au Nord, sous le prétexte du traité d'alliance; que les armées ne s'organisaient pas, ni les forteresses ne se construisaient pas dans un jour; que la guerre perpétuelle était un délire, car les nations avaient leurs relations naturelles, et elles étaient très-intimes avec la France et très-resserrées; qu'il ne fallait pas confondre celles-ci, dans les États, avec les hommes qui se trouvent momentanément à leur tête, et surtout qu'il ne s'agissait aujourd'hui que d'abolir la dynastie des Bourbons en Espagne, en imitant l'exemple de Louis XIV, et d'établir celle de France, et qu'ils allaient eux-mêmes inviter l'Empereur à le faire. L'Infantado (sur qui je crois que mon langage a fait le plus d'impression), qui sent le poids de mes réflexions,

me dit : « Serait-il possible qu'un héros tel que Napo-
» léon fût capable de se souiller d'une semblable action,
» quand le Roi se met entre ses mains de la meilleure
» foi du monde ! » Je lui répondis : « Lisez Plutarque,
» et vous trouverez que tous ces héros de la Grèce et de
» Rome n'acquirent leur renommée et leur gloire qu'en
» montant sur des milliers de cadavres, mais qu'on ou-
» bliait tout cela, ou qu'on le lisait sans attention,
» voyant seulement les résultats avec respect et étonne-
» ment ; qu'il devait se rappeler des couronnes que
» Charles V avait enlevées, des cruautés qu'il avait
» exercées envers les souverains prisonniers de guerre,
» ou par la perfidie, et que, malgré tout cela, il était
» compté parmi les héros ; qu'il ne devait pas oublier
» non plus que nous en avions fait autant avec les em-
» pereurs et rois des Indes, et que si nous voulions dé-
» fendre ces actions sous prétexte de religion, on pour-
» rait bien le faire maintenant sous prétexte de poli-
» tique ; qu'il pouvait appliquer cela à l'origine de toutes
» les dynasties de l'univers ; que, dans notre Espagne
» ancienne, on trouvait des exemples d'assassinats de rois
» par les usurpateurs qui s'étaient ensuite assis sur le
» trône, et que, même dans les siècles postérieurs, nous
» avions celui qui avait été commis par le bâtard
» Henri II et l'exclusion de la famille d'Henri IV ; que

» les dynasties autrichienne et des Bourbons dérivaient
» de cet inceste ainsi que de ces crimes, et que, par
» conséquent, ils ne devaient pas avoir confiance dans
» les héros, ni permettre que Ferdinand s'en allât plus
» avant vers la France.

» Mais quel motif, au moins apparent, m'a-t-il dit,
» pourrait justifier la conduite que vous supposez à l'Em-
» pereur? » Je lui répondis que « le langage du *Moni-*
» *teur* me faisait voir qu'il ne reconnaissait pas Ferdi-
» nand comme roi; qu'il disait que l'abdication de son
» père, faite au milieu d'un tumulte populaire et des ar-
» mes, était nulle; que Charles IV lui-même l'avouerait
» s'il était nécessaire; que, sans parler de ce qui était
» arrivé au roi de Castille Jean Ier, il y avait eu deux
» abdications pendant le règne des dynasties autrichienne
» et des Bourbons; une faite par Charles Ier d'Espagne,
» ou Charles V d'Allemagne, et l'autre par Philippe V,
» et que, dans ces deux abdications, on avait procédé
» avec le plus grand calme et la plus sage délibération,
» et que même ceux qui représentaient la nation de-
» mandèrent jusqu'où l'abdication devait s'étendre en
» cas que les personnes qui devaient régner de suite en
» seraient empêchées, et que c'est par cette raison que
» Philippe V régna une seconde fois après la mort de
» Louis Ier, en faveur de qui Sa Majesté avait renoncé à

» la couronne ; enfin, qu'il est à craindre que si le père » réclame contre la violence de son abdication, et qu'ils » poursuivent leur voyage jusqu'à Bayonne, aucun » d'eux ne régnerait et que tous les Espagnols seraient » malheureux. »

Il me répliqua alors que « l'Europe et que la France » même condamneraient ce trait, et que l'Espagne pour» rait devenir redoutable, étant soutenue par l'Angle» terre. » Je lui répondis sur les trois points que « quant » à l'Europe, elle était pauvre et sans moyens pour entre» prendre de nouvelles guerres, sans union, parce que » les intérêts particuliers, ainsi que les vues ambitieuses » de chaque souverain et de chaque État, avaient plus » de force que la nécessité de faire de grands sacrifices » pour détruire le système adopté par la France depuis » sa funeste révolution. » Je lui expliquai, pour preuve de ce que j'avançais, la conduite des coalitions, leurs plans mal combinés, leurs défections, et que le résultat de ces ligues avait lui-même produit l'accroissement de la France ; que je ne voyais d'autre cour que celle de Vienne capable de s'opposer actuellement aux projets de l'Empereur, si l'Espagne se soulevait, et qu'elle fût appuyée par l'Angleterre ; mais que si la Russie, l'Allemagne et le monde européen se montraient contraires à ce système, l'Autriche essuierait des revers et perdrait une partie de son territoire, nous perdrions entièrement notre marine, et l'Espagne serait seulement le théâtre de la guerre des Anglais contre la France, guerre où jamais ils ne s'exposeraient, à moins qu'ils n'eussent quelque chose à gagner, puisque l'Angleterre n'est pas une puissance capable de tenir tête à la France dans une guerre continentale; enfin, que tout finirait par une conquête, après avoir produit notre désolation.

» Quant au second point du mécontentement de la France pour une conduite aussi injuste de l'Empereur, je suis entré diffusément dans l'explication du caractère de cette nation; qu'elle est toujours enchantée de tout ce qui est surprenant; qu'elle n'a d'autre esprit public pour agir que l'impulsion donnée par le gouvernement; que, d'un autre côté, la nation française elle-même gagnerait beaucoup pour l'intérêt de son commerce, si les souverains des deux nations étaient d'une même famille; que si l'Empereur se contenait dans de certaines limites d'agrandissement, et s'il consolidait son empire par de bonnes institutions morales, la France l'adorerait, le regarderait comme un libérateur de la terrible révolution dans laquelle la nation avait été plongée, bénirait sa dynastie, et regarderait comme gloire l'occupation de plusieurs trônes de l'Europe par des membres de la famille de son souverain, et que, par conséquent, l'argument n'effacerait pas mes soupçons; que, d'ailleurs, nous ne devions jamais oublier que les rois espagnols s'appelaient Bourbons, et qu'ils étaient une branche de l'ancienne maison de France; qu'il existait en France beaucoup de changement dans les fortunes, par la suppression de plusieurs corporations privilégiées, les confiscations, les ventes; car il est certain que presque tous les Français avaient eu plus ou moins de part dans la révolution; que ces derniers, les littérateurs, ceux qui aiment des réformes, les juifs et les protestans, composent la partie la plus nombreuse de la nation. Ils sont maintenant libres de l'oppression qui pesait sur eux avant cette époque, et il est très-probable qu'ils regarderont sans chagrin l'anéantissement des Bourbons en Espagne, craignant que l'un d'eux peut-être un jour ne contraigne les Français à recevoir, malgré eux, un prince Bourbon, si l'Espagne était bien gouvernée.

» Sur le troisième point, relatif à l'armement de notre nation, je suis entré encore dans de plus longs détails; j'ai fait voir que, par malheur, depuis Charles V, la nation n'existe plus, parce qu'il n'existait point réellement de corps qui la représentât, ni d'intérêts communs qui la réunissent vers un même but; que notre Espagne était un édifice gothique, composé de morceaux, avec autant de forces, de priviléges, de législations et de coutumes qu'il y a presque de provinces; que l'esprit public n'existe point; que ces causes empêcheraient la formation d'un gouvernement solidement constitué pour réunir les forces, l'activité et le mouvement nécessaires; que les émeutes et les tumultes populaires étaient de très-courte durée; que tous ces troubles produiraient des effets merveilleux dans nos Amériques, parce que les naturels du pays voudraient développer leurs forces et secouer le joug qui pèse sur eux depuis la conquête de leur pays; que l'Angleterre même les aiderait, en juste revanche de ce que nous fîmes imprudemment, unis aux Français, pour soulever ses colonies; qu'on ne devait pas oublier les tentatives du cabinet de Saint-James à Caraccas et dans d'autres provinces de notre Amérique; enfin, mon ami, j'ai dit à l'Infantado tout ce qu'on peut dire sur les dangers de ce voyage, et qu'il pouvait produire la ruine fatale de notre nation. Je me suis avancé plus encore : j'ai promis d'aller, en qualité d'ambassadeur, à Bayonne, s'ils se désistaient du voyage, de parler, faire des conventions avec l'Empereur, et terminer, aussi bien que possible, une affaire si désagréable, si mal commencée et dirigée; mais qu'en attendant on pouvait faire partir le Roi incognito par une des maisons voisines de celle où logeait Sa Majesté, et le faire conduire en Aragon; que M. Urbina, alcade de la ville, faciliterait les moyens de cette fuite, qui, lorsqu'elle serait parvenue aux oreilles de Napoléon, et qu'il saurait que le Roi aurait la liberté d'agir par lui-même, l'obligerait à changer ses plans; mais tout a été inutile, absolument tout.

» Après cet entretien, on m'a présenté don Josef Hervas, qui m'a confirmé dans la funeste opinion que l'Empereur projetait de changer notre dynastie; car il m'a prié de faire en sorte que le voyage de France n'ait pas lieu. Ce jeune homme (qui a beaucoup d'esprit et de clairvoyance, promet beaucoup et est un excellent Espagnol) vient d'arriver de Paris avec le général Savary. Comme il est le beau-frère du général Duroc, grand-maréchal du palais de l'Empereur, il connaît tous les complots de cette affaire; il me les a racontés, et se plaint du mauvais traitement qu'il a éprouvé à Madrid, et de ce qu'on n'a pas voulu l'écouter lorsqu'il a voulu parler; il m'a prié de lui obtenir une audience particulière du duc de l'Infantado; je la lui ai obtenue; il a parlé, mais il n'a pu rien obtenir. M. Escoiquitz s'était mis au lit, parce qu'il était enrhumé; il était entouré de beaucoup de monde, de sorte que je n'ai pu lui parler. J'ignore sa manière de penser, et même l'influence qu'il exerce sur les affaires. Labrador et Muzquiz sont piqués de ce qu'on semble les mépriser, et qu'on ne les consulte nullement, et dans aucun cas, par la rivalité de M. Cevallos. Je vois avec la plus profonde affliction qu'ils sont tous aveugles et qu'ils marchent tous vers le précipice.

» Le dîner fini, et Sa Majesté s'étant retirée, un aide-de-camp est arrivé avec des dépêches de l'Empereur. Le ton avec lequel il s'est annoncé, en exigeant que Sa Majesté l'écoutât de suite, la condescendance qu'on lui montra en l'annonçant au Roi, la manière dont j'ai vu moi-même qu'on l'a fait sortir, et la circonstance d'avoir compris quelque chose de l'affaire dont il était question, tout cela a aigri mon amour-propre d'Espagnol; j'ai pris enfin mon congé, leur rappelant, mais inutilement, mes prédictions, et suis rentré dans mon logement pour vous écrire si diffusément, comme je le fais, pour vous faire connaître ce qui s'est passé; car demain, à la pointe du jour, ou dans trois heures, je pars pour Bilbao.

» Un officier de marine appelé don Miguel de Alava, neveu du général de marine du même nom, que vous connaissez, vient de me faire une visite dans ce moment. Il était chez moi quand j'y revins; il causait avec un ami qui m'avait accompagné depuis Bilbao : en profitant de cette occasion, je lui ai dit, ainsi qu'à tous ceux qui voulaient m'écouter, que si le Roi quittait l'Espagne, les Bourbons seraient éloignés pour jamais du trône; que toute l'Espagne pourrait être dans la désolation, et que nous aurions beaucoup à pleurer. J'ai parlé dans ce sens à M. Alava, en désirant qu'il profite de l'influence qu'il peut avoir dans la ville et dans la province, pour tâcher de l'empêcher : c'est tout ce que j'ai pu faire. On a beaucoup de considération pour moi dans cette province, par la protection que j'ai procurée à ses habitans, et parce que j'y ai pris naissance. Peut-être que les peuples verront plus clair et feront plus, peut-être aussi déchireront-ils le voile épais qui couvre les yeux de ces personnes !

» Quand je pris mon congé, il m'a semblé que le duc de l'Infantado était piqué de voir que je ne pensais pas à les accompagner, au moins jusqu'à Bayonne. Je lui ai dit que j'étais prêt à tout, si on voulait suivre mon plan ; mais que, dans le cas contraire, je ne voulais pas ternir ni perdre ma réputation, seule idole de mon cœur. Vous serez témoin de mille malheurs. Je ne sais qui en est le coupable ; je plains l'Espagne, et je retourne dans mon coin pour y pleurer. Plaise à Dieu que toutes mes craintes soient vaines !

» Quand je serai sûr que vous serez à Valladolid, je vous écrirai, et, en attendant, faites-moi le plaisir de dire bien des choses de ma part à Madame. Je suis bien triste. Adieu. Vous savez que je suis toujours tout à vous.

» URQUIJO.

» Vitoria, le 13 avril 1808. »

(Q.) Charles IV écrivit, le 22 mars, au prince Murat, une lettre dans laquelle il n'exprimait d'autre désir que d'aller avec la Reine et le prince de la Paix dans le pays qui conviendrait le mieux à sa santé. Alors il n'avait pas encore protesté, car il l'aurait dit au grand-duc. Nous rapporterons ici cette pièce, le rapport de l'adjudant-commandant Bailli de Monthion, une lettre adressée à l'Empereur et la protestation.

Lettre du roi Charles au grand-duc de Berg.

« Monsieur et très-cher frère, ayant parlé à votre adjudant-commandant, et l'ayant informé de tout ce qui s'est passé, je vous prie de me rendre le service de faire connaître à l'Empereur la prière que je lui fais de délivrer le pauvre prince de la Paix, qui ne souffre que pour avoir été l'ami de la France, et de nous laisser aller avec lui dans le pays qui conviendra le mieux à ma santé. Pour le présent, nous allons à Badajoz. J'espère qu'avant que nous ne partions vous nous ferez réponse, si vous ne pouvez pas absolument nous voir; car je n'ai confiance qu'en vous et dans l'Empereur. En attendant,

» Je suis votre très-affectionné frère et ami de tout cœur,

CHARLES. »

Rapport à Son Altesse Impériale le grand-duc de Berg, lieutenant de l'Empereur, commandant ses armées en Espagne.

« Monseigneur,

» Conformément aux ordres de Votre Altesse Impériale, je me suis rendu à Aranjuez avec la lettre de Votre Altesse pour la reine d'Étrurie. Il était huit heures du matin; la Reine était encore couchée; elle se leva et me fit entrer; je lui remis votre lettre. Elle m'invita à attendre un moment, en me disant qu'elle allait en prendre lecture avec le Roi et la Reine. Une demi-heure après, je vis entrer la reine d'Étrurie avec le roi et la reine d'Espagne.

» Sa Majesté me dit qu'elle remerciait Votre Altesse Impériale de la part que vous preniez à ses malheurs, d'autant plus grands que c'est un fils qui s'en trouve l'auteur. Le Roi me dit que cette révolution avait été machinée, que de l'argent avait été distribué, et que les principaux personnages étaient son fils et M. Caballero, ministre de la justice; qu'il avait été forcé d'abdiquer pour sauver la vie de la Reine et la sienne; qu'il savait que, sans cet acte, ils étaient assassinés pendant la nuit; que la conduite du prince des Asturies était d'autant plus affreuse que, s'étant aperçu du désir qu'il avait de régner, et lui, approchant de la soixantaine, il était convenu qu'il lui céderait la couronne lors de son mariage avec une princesse française, ce que le Roi désirait ardemment.

» Le Roi a ajouté que le prince des Asturies voulait qu'il se retirât avec la Reine à Badajoz, frontière de Portugal; qu'il lui avait observé que le climat de ce pays ne lui convenait pas; qu'il le priait de permettre qu'il choisît un autre endroit; qu'il désirait obtenir de l'Empereur la permission d'acquérir un bien en France et d'y finir son existence. La Reine m'a dit qu'elle avait supplié son fils de différer leur départ pour Badajoz; qu'elle n'avait rien obtenu, et qu'il devait avoir lieu lundi prochain.

» Au moment de prendre congé de Leurs Majestés, le Roi me dit : « J'ai écrit à l'Empereur, dans les mains » duquel je remets mon sort. Je voulais faire partir ma » lettre par un courrier, mais je ne saurais avoir une oc- » casion plus sûre que la vôtre. » Le Roi me quitta alors pour passer dans son cabinet. Bientôt après il en sortit tenant à la main la lettre ci-jointe, qu'il me remit (n^{os} I et II), et il me dit encore ces mots : « Ma situa- » tion est des plus tristes. On vient d'enlever le prince » de la Paix, qu'on veut conduire à la mort. Il n'a d'au-

» tre crime que celui de m'avoir été toute sa vie at-» taché. » Il ajouta qu'il n'y avait sortes de sollicitations qu'il n'eût faites pour sauver la vie à son malheureux ami, mais qu'il avait trouvé tout le monde sourd à ses prières et enclin à l'esprit de vengeance; que la mort du prince de la Paix entraînerait la sienne, et qu'il n'y survivrait pas.

» B. DE MONTHION.

» Aranjuez, le 23 mars 1808. »

N° I.

Lettre du roi Charles IV à l'empereur Napoléon.

« Monsieur mon frère, Votre Majesté apprendra avec peine les événemens d'Aranjuez et leur résultat; elle ne verra pas sans quelque intérêt un roi qui, forcé d'abdiquer la couronne, vient se jeter dans les bras d'un grand monarque son allié, se remettant en tout à sa disposition, pouvant seul faire son bonheur, celui de toute sa famille et de ses fidèles et aimés sujets. Je n'ai déclaré m'en démettre en faveur de mon fils que par la force des circonstances, et lorsque le bruit des armes et les clameurs d'une garde insurgée me faisaient assez connaître qu'il fallait choisir entre la vie et la mort, qui eût été suivie de celle de la Reine. J'ai été forcé d'abdiquer;

mais rassuré aujourd'hui et plein de confiance dans la magnanimité et le génie du grand homme qui s'est toujours montré mon ami, j'ai pris la résolution de me remettre en tout ce qu'il voudra bien disposer de nous, de mon sort, de celui de la Reine et de celui du prince de la Paix. J'adresse à Votre Majesté Impériale et Royale une protestation contre les événemens d'Aranjuez et contre mon abdication. Je m'en remets et me confie entièrement dans le cœur et l'amitié de Votre Majesté. Sur ce, je prie Dieu qu'il vous ait en sa sainte et digne garde.

» Monsieur mon frère,

» De Votre Majesté Impériale et Royale, le très-affectionné frère et ami,

» CHARLES.

» Aranjuez, le 21 mars 1808. »

N° II.

« 21 mars.

» Je proteste et déclare que mon décret du 19 mars, par lequel j'abdique la couronne en faveur de mon fils, est un acte auquel j'ai été forcé pour prévenir les plus grands malheurs et l'effusion du sang de mes sujets bien-aimés. Il doit, en conséquence, être regardé comme de nulle valeur.

» MOI, LE ROI. »

(R.) *Lettre de Ferdinand VII à Charles IV.*

« Mon vénérable père et seigneur,

» Pour donner à Votre Majesté une preuve de mon amour et de ma soumission, et pour céder au désir qu'elle m'a fait connaître plusieurs fois, je renonce à ma couronne en faveur de Votre Majesté, désirant qu'elle en jouisse pendant de longues années.

» Je recommande à Votre Majesté les personnes qui m'ont servi depuis le 19 mars ; je me confie dans les assurances qu'elle m'a données à cet égard.

» Je demande à Dieu de conserver à Votre Majesté des jours longs et heureux.

» Fait à Bayonne, le 6 mai 1808.

» Je me mets aux pieds de Votre Majesté.

» Le plus humble de ses fils,

» Ferdinand. »

(S.) *Traité entre l'empereur des Français et Charles IV.*

« Napoléon, empereur des Français, roi d'Italie, protecteur de la Confédération du Rhin,

» Et Charles IV, roi des Espagnes et des Indes, animés d'un égal désir de mettre promptement un terme à l'anarchie à laquelle est en proie l'Espagne, de sauver cette brave nation des agitations des factions; voulant lui épargner toutes les convulsions de la guerre civile et étrangère, et la placer sans secousse dans la seule position qui, dans la circonstance extraordinaire dans laquelle elle se trouve, puisse maintenir son intégrité, lui garantir ses colonies et la mettre à même de réunir tous ses moyens à ceux de la France pour arriver à une paix maritime, ont résolu de réunir tous leurs efforts et de régler dans une convention particulière de si chers intérêts.

» A cet effet, ils ont nommé; savoir :

» Sa Majesté l'empereur des Français, roi d'Italie, protecteur de la Confédération du Rhin,

» M. le général de division Duroc, grand-maréchal du palais;

» Et Sa Majesté le roi des Espagnes et des Indes,

» Son Altesse Sérénissime don Manuel Godoy, prince de la Paix, comte de Evora-Monte;

» Lesquels, après avoir échangé leurs pleins pouvoirs, sont convenus de ce qui suit :

» Art. 1er. Sa Majesté le roi Charles, n'ayant eu en vue, pendant toute sa vie, que le bonheur de ses sujets, et constant dans le principe que tous les actes d'un souverain ne doivent être faits que pour parvenir à ce but, les circonstances actuelles ne pouvant être qu'une source de dissensions d'autant plus funestes que les factions ont divisé sa propre famille, a résolu de céder, comme il cède par le présent, à Sa Majesté l'empereur Napoléon, tous ses droits sur le trône des Espagnes et des Indes, comme le seul qui, au point où en sont arrivées les choses, peut rétablir l'ordre. Entendant que ladite cession n'ait lieu qu'afin de faire jouir ses sujets des deux conditions suivantes :

» 1°. L'intégrité du royaume sera maintenue. Le prince que Sa Majesté l'empereur Napoléon jugera devoir placer sur le trône d'Espagne sera indépendant, et les limites de l'Espagne ne souffriront aucune altération.

» 2°. La religion catholique, apostolique et romaine sera la seule en Espagne. Il ne pourra être toléré aucune religion réformée, et encore moins infidèle, suivant l'usage établi jusqu'aujourd'hui.

» 2. Tous actes faits contre ceux de nos fidèles sujets, depuis la révolution d'Aranjuez, sont nuls et de nulle valeur, et leurs propriétés leur seront rendues.

» 3. Sa Majesté le roi Charles ayant ainsi assuré la prospérité, l'intégrité et l'indépendance de ses sujets, Sa Majesté l'Empereur s'engage à donner refuge dans ses États au roi Charles, à la reine, à sa famille, au prince de la Paix, ainsi qu'à ceux de leurs serviteurs qui voudront les suivre, lesquels jouiront en France d'un rang équivalent à celui qu'ils possédaient en Espagne.

» 4. Le palais de Compiègne, les parcs et forêts qui en dépendent seront à la disposition du roi Charles, sa vie durant.

» 5. Sa Majesté l'Empereur donne et garantit à Sa Majesté le roi Charles une liste civile de 30 millions de réaux, que Sa Majesté l'empereur Napoléon lui fera payer directement, tous les mois, par le trésor de la couronne.

» A la mort du roi Charles, 2 millions de revenu formeront le douaire de la reine.

» 6. Sa Majesté l'empereur Napoléon s'engage à accorder à tous les infans d'Espagne une rente annuelle de 400,000 francs, pour en jouir à perpétuité, eux et leurs descendans, sauf la reversibilité de ladite rente d'une branche à l'autre, en cas de l'extinction de l'une d'elles, et en suivant les lois civiles. En cas d'extinction de toutes les branches, lesdites rentes seront reversibles à la couronne de France.

» 7. Sa Majesté l'empereur Napoléon fera tel arrangement qu'il jugera convenable avec le futur roi d'Espagne, pour le paiement de la liste civile et des rentes comprises dans les articles précédens; mais Sa Majesté le roi Charles IV n'entend avoir de relation pour cet objet qu'avec le trésor de France.

» 8. Sa Majesté l'empereur Napoléon donne en échange à Sa Majesté le roi Charles le château de Chambord, avec les parcs, forêts et fermes qui en dépendent, pour en jouir en toute propriété et en disposer comme bon lui semblera.

» 9. En conséquence, Sa Majesté le roi Charles renonce, en faveur de Sa Majesté l'empereur Napoléon, à toutes les propriétés allodiales et particulières non appartenantes à la couronne d'Espagne, mais qu'il possède en propre.

» Les infans d'Espagne continueront à jouir du revenu des commanderies qu'ils possèdent en Espagne.

» 10. La présente convention sera ratifiée, et les ratifications en seront échangées dans huit jours, ou le plus tôt qu'il sera possible.

» Duroc. Le prince de la Paix.

» Fait à Bayonne, le 5 mai 1808. »

(T.) *Traité entre l'empereur des Français et Ferdinand, prince des Asturies.*

« Sa Majesté l'empereur des Français, roi d'Italie, protecteur de la Confédération du Rhin, et Son Altesse Royale le prince des Asturies, ayant des différends à régler, ont nommé pour leurs plénipotentiaires; savoir :

» Sa Majesté l'empereur des Français, roi d'Italie, M. le général de division Duroc, grand-maréchal du palais,

» Et Son Altesse Royale le prince des Asturies, don Juan Escoiquitz, conseiller d'État de Sa Majesté Catholique, chevalier, grand'croix de l'ordre de Charles III, lesquels, après avoir échangé leurs pleins pouvoirs, sont convenus des articles suivans :

» Art. 1er. Son Altesse Royale le prince des Asturies adhère à la cession faite par le roi Charles de ses droits au trône d'Espagne et des Indes, en faveur de Sa Majesté l'empereur des Français, roi d'Italie, et renonce, en tant que le besoin, aux droits qui lui sont acquis comme prince des Asturies à la couronne des Espagnes et des Indes.

» 2. Sa Majesté l'empereur des Français, roi d'Italie, accorde en France, à Son Altesse Royale le prince des Asturies, le titre d'*altesse royale*, avec tous les honneurs et prérogatives dont jouissent les princes de son sang.

Les descendans de Son Altesse Royale le prince des Asturies conserveront le titre de *prince* et celui d'*altesse sérénissime*, et auront toujours le même rang en France que les princes dignitaires de l'empire.

» 3. Sa Majesté l'empereur des Français, roi d'Italie, cède et donne, par les présentes, en toute propriété, à Son Altesse Royale le prince des Asturies et à ses descendans, les palais, parcs, fermes de Navarre, et les bois qui en dépendent, jusqu'à la concurrence de cinquante mille arpens, le tout dégrevé d'hypothèques, et pour en jouir en toute propriété, à dater de la signature du présent traité.

» 4. Ladite propriété passera aux enfans et héritiers de Son Altesse Royale le prince des Asturies; à leur défaut, aux enfans et héritiers de l'infant don Carlos; à défaut de ceux-ci, aux descendans et héritiers de l'infant don Francisco; et enfin, à leur défaut, aux enfans et héritiers de l'infant don Antonio. Il sera expédié des lettres-patentes et particulières de prince à celui des héritiers auquel reviendra la propriété.

» 5. Sa Majesté l'empereur des Français, roi d'Italie, accorde à Son Altesse Royale le prince des Asturies 400,000 fr. de rente apanagère sur le trésor de France, et payables par douzièmes chaque mois, pour en jouir lui et ses descendans; et venant à manquer la descendance directe de Son Altesse Royale le prince des Asturies, cette rente apanagère passera à l'infant don Carlos, à ses héritiers, et à leur défaut à l'infant don Francisco, à ses descendans et héritiers.

» 6. Indépendamment de ce qui est stipulé dans les articles précédens, Sa Majesté l'empereur des Français, roi d'Italie, accorde à Son Altesse Royale le prince des Asturies une rente de 600,000 francs, également sur le trésor de France, pour en jouir sa vie durant. La moitié de ladite rente sera reversible sur la tête de la princesse son épouse, si elle lui survit.

» 7. Sa Majesté l'empereur des Français, roi d'Italie, accorde et garantit aux infans don Antonio, oncle de Son Altesse Royale le prince des Asturies, don Carlos et don Francisco, frères dudit prince :

» 1°. Le titre d'*altesse royale*, avec tous les honneurs et prérogatives dont jouissent les princes de son sang ; les descendans de Leurs Altesses Royales conserveront le titre de *prince*, celui d'*altesse sérénissime*, et auront toujours le même rang en France que les princes dignitaires de l'empire ;

» 2°. La jouissance du revenu de toutes leurs commanderies en Espagne, leur vie durant.

» 3°. Une rente apanagère de 400,000 francs, pour en jouir, eux et leurs héritiers, à perpétuité ; entendant,

Sa Majesté Impériale, que les infans don Antonio, don Carlos et don Francisco, venant à mourir sans laisser d'héritiers, ou leur postérité venant à s'éteindre, lesdites rentes apanagères appartiendront à Son Altesse Royale le prince des Asturies, ou à ses descendans et héritiers, le tout à condition que Leurs Altesses Royales don Carlos, don Antonio et don Francisco adhèrent au présent traité.

» 8. Le présent traité sera ratifié, et les ratifications en seront échangées dans huit jours, ou plus tôt, si faire se peut.

» DUROC. JUAN DE ESCOIQUITZ.

» Bayonne, le 10 mai 1808. »

(U.) *Proclamation adressée par Ferdinand, prince des Asturies, son frère l'infant don Carlos, et son oncle l'infant don Antonio, aux Espagnols.*

« Don Ferdinand, prince des Asturies, et les infans don Carlos et don Antonio, sensibles à l'attachement et à la fidélité constans que leur ont témoignés tous les Espagnols; les voyant, avec la plus grande douleur, au moment d'être plongés dans la confusion, et menacés des extrêmes calamités qui en seraient la suite; et sachant qu'elles proviendraient en grande partie de l'ignorance dans laquelle ils sont, soit des motifs de la conduite que Leurs Altesses ont tenue jusqu'ici, soit des plans déjà tracés pour le bonheur de leur patrie, ils ne peuvent se dispenser de chercher à les détromper par les salutaires avis qui leur sont nécessaires, pour ne pas entraver l'exécution de ces plans, et en même temps de leur donner le plus cher témoignage de l'affection qu'ils ont pour eux.

» Ils ne peuvent, en conséquence, s'empêcher de leur faire connaître que les circonstances dans lesquelles le prince prit les rênes du gouvernement, à la suite de l'abdication du roi son père, l'occupation de plusieurs provinces du royaume et de toutes les places frontières par un grand nombre de troupes françaises, la présence de plus de soixante mille hommes de la même nation dans la capitale et dans les environs, enfin beaucoup de données que d'autres personnes ne pouvaient avoir, leur persuadèrent qu'étant entourés d'écueils, ils n'avaient plus que la liberté de choisir entre plusieurs partis, celui qui produirait le moins de maux, et qu'ils choisirent comme tel le parti d'aller à Bayonne.

» Après l'arrivée de Leurs Altesses Royales à Bayonne, le prince, alors roi, apprit inopinément la nouvelle que le roi son père avait protesté contre son abdication, prétendant qu'elle n'avait pas été volontaire. Le prince, n'ayant accepté la couronne que dans la persuasion que l'abdication était libre, fut à peine assuré de l'existence de cette protestation, que son respect filial le détermina à rendre le trône; et, peu après, le roi son père y renonça, en son nom et au nom de toute sa dynastie, en faveur de l'empereur des Français, afin qu'ayant en vue le bien de la nation, l'Empereur choisît la personne et la dynastie qui devait l'occuper à l'avenir.

» Dans cet état de choses, Leurs Altesses Royales considérant la situation dans laquelle elles se trouvent, et les circonstances critiques où l'Espagne est placée; considérant que, dans ces circonstances, tout effort de ses habitans à l'appui de leurs droits serait non-seulement inutile, mais funeste, et qu'il ne servirait qu'à faire répandre des ruisseaux de sang, à assurer la perte, tout au moins, d'une grande partie de ses provinces et celle de toutes ses colonies d'outre-mer; s'étant d'ailleurs convaincues que le moyen le plus efficace pour éviter de tels maux serait que chacune de Leurs Altesses Royales consentît, en son nom et en tout ce qui lui appartient, à la cession de ses droits au trône, cession déjà faite par le roi leur père; réfléchissant également que sadite Majesté l'empereur des Français s'oblige, dans cette supposition, à conserver l'indépendance absolue et l'intégrité de la monarchie espagnole, ainsi que toutes ses colonies d'outre-mer, sans réserver ni démembrer la moindre partie de ses domaines; qu'elle s'oblige à maintenir l'unité de la religion catholique, les propriétés, les lois, les usages, ce qui assure pour long-temps, et d'une manière incontestable, la puissance et la prospérité de la nation espagnole; Leurs Altesses croient donner la plus grande preuve de leur générosité, de l'amour qu'elles lui portent, et de leur empressement à suivre les mouvemens de l'affection qu'elles lui doivent, en sacrifiant, en tout ce qui leur appartient, leurs intérêts propres et personnels à l'avantage de cette nation, et en adhérant par cet acte, comme ils ont adhéré par une convention particulière, à la cession de leurs droits au trône; elles délient, en conséquence, les Espagnols de leurs obligations à cet égard, et les exhortent à avoir en vue les intérêts communs de la patrie, en se tenant paisibles, en espérant leur bonheur des sages dispositions et de la puissance de l'empereur Napoléon.

» Par leur empressement à se conformer à ces dispositions, les Espagnols doivent croire qu'ils donneront à leur prince et aux deux infans le plus grand témoignage de leur loyauté, comme Leurs Altesses Royales leur donnent le plus grand témoignage de leur tendresse paternelle, en cédant tous leurs droits et en oubliant leurs propres intérêts pour les rendre heureux, ce qui est l'unique objet de leurs désirs.

» Bordeaux, le 12 mai 1808.

» Moi, le prince. Carlos Antonio. »

FIN DU TROISIÈME VOLUME.

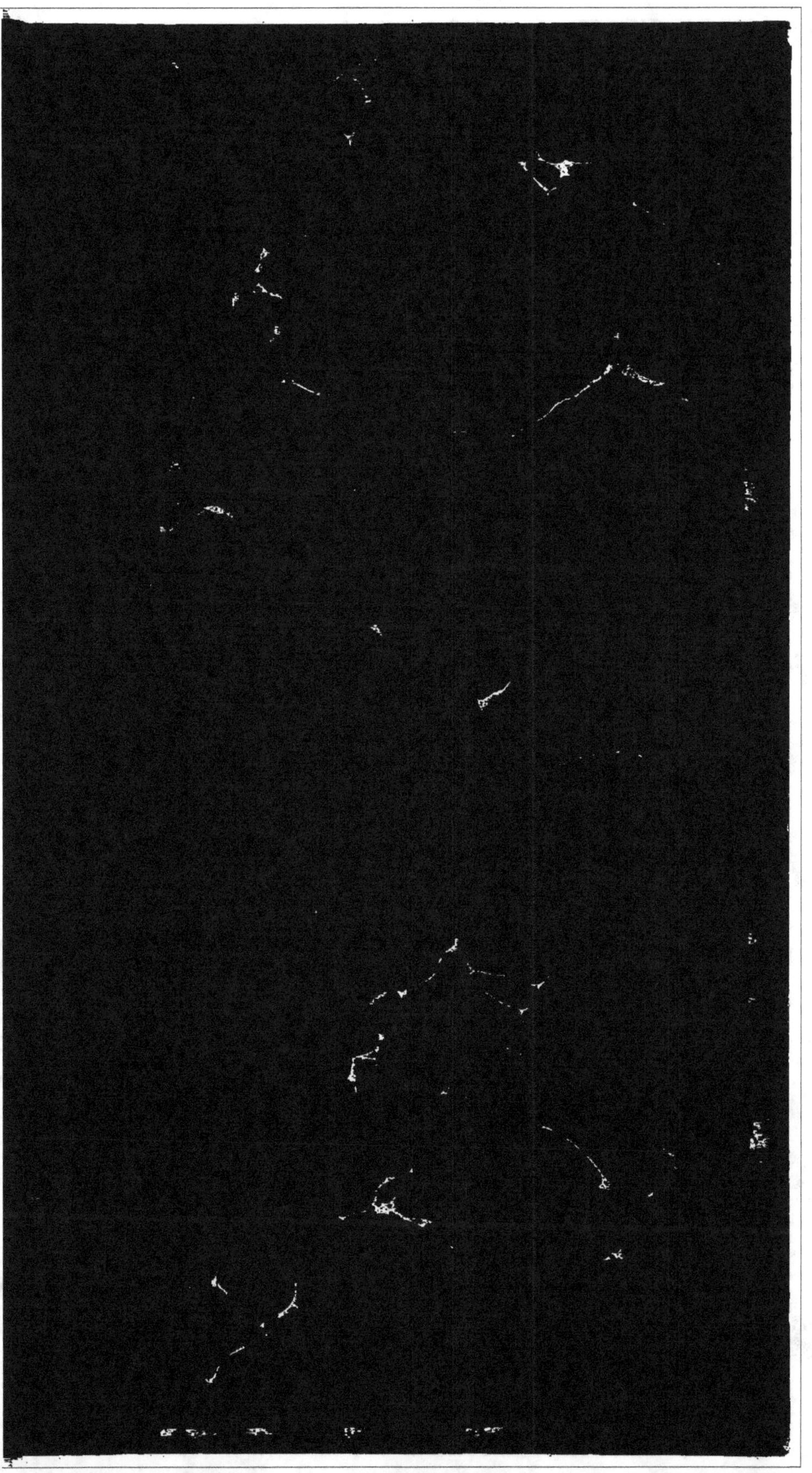

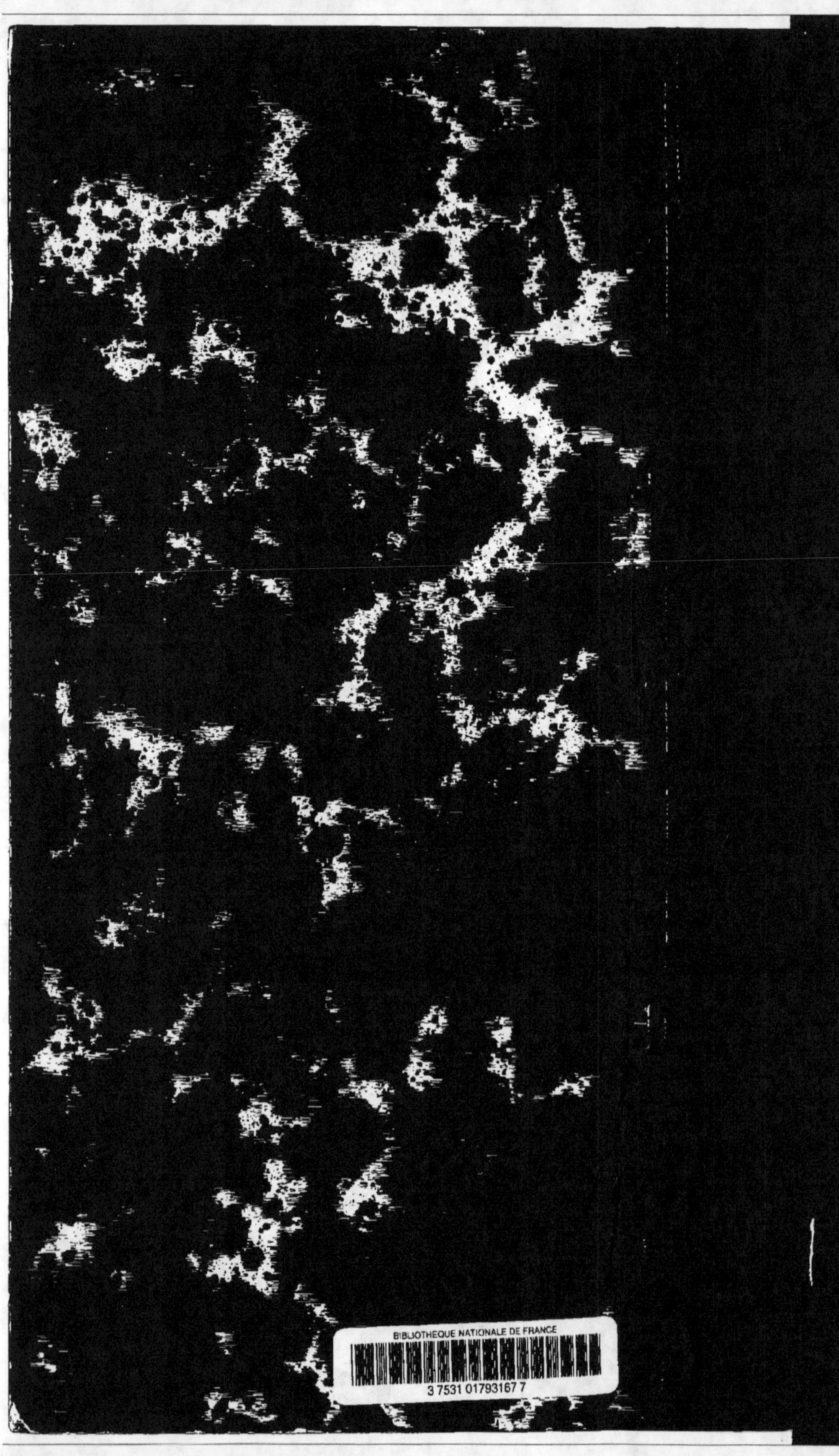